実は身近なNBC災害

三好 陸奥守 著

東京法令出版

2訂版発行の緒言

　この度、本書の出版社である東京法令出版から、令和5年度に行われた「消防機関におけるNBC災害時の対応能力の高度化に関する検討会」の結果を踏まえて内容の一部を修正した2訂版の発行のお話を戴きました。

　初版は、幸い全国の多くのNBC災害対応に関わる消防職員の方々が本書を手に取ってお読みいただきました。

　本書の主目的は「日常生活中で身近に起こるNBC災害」を主な対象とした入門書ですが、基本的な知見は有害物質を用いた大規模なテロ災害にも十分に応用可能な内容であると自負しております。

　2訂版も引き続き「実は身近な」という方針を引き継いでおりますので、初版同様に気軽に手に取ってお読みいただきますようお願い申し上げます。

　また、NBC災害に関する疑問やご質問がございましたら、ご意見をお寄せください。

　　　令和6年9月

　　　　　　　　　　　　　　　　　　　　　　　　　　　三好　陸奥守

緒言

　NBC災害が、日本国内で現実のものとして世の中にショックを与えたものは、「松本サリン事件」と「地下鉄サリン事件」という化学兵器を用いた無差別テロでした。その後、核燃料製造工場で中性子線による放射線事故が発生したことを契機に、私の勤務先であった消防本部では、有害化学物質や放射線事故、病原体を用いた生物剤テロに対応する部隊が創設されました。

　この時から、火災、交通事故、地震災害、自然災害とは異なり、「目に見えない脅威が人体に害を与える性質を持つ災害」をNBC災害とかCBRNE災害と呼ぶようになりました。

　自治体では災害対策基本法に基づく地域防災計画に、NBC災害編を追加するようになりましたが、近隣諸国との摩擦が大きくなっている昨今は、事態対処法や国民保護法が制定され、主に国外からの武力攻撃を想定した対策が制度化されています。

　さらに、東日本大震災による大津波が原子力発電所に大きなダメージを与えたことで、放射性物質による汚染被害と風評被害がN災害の脅威を現実のものとしました。

　NBC災害対応を消防の業務として考える場合、「部隊の隊員を有害な脅威から保護すること」と「被災者を迅速に救助して有害な脅威によるダメージを軽減すること」が主な目的となります。

　消防職員がNBC災害対応の学習や訓練をしようとするとき、「専門知識」という大きな「壁」が立ちはだかります。N災害では、放射線被ばく防護や放射性物質汚染防護に関する知識、放射線量測定や汚染検査のための測定器の使用技術が必要となり、C災害では、被災者の情報から原因物質を予測する力や、有害な化学物質が人体に与える影響に関する知識、それらを分析・同定する測定器類の使用技術に関する知識が必要です。

　さらに、NBC災害を前述のテロ攻撃とつなげて考えると、通常の消防業務では「ほとんど起きない」「ほとんど経験できない」災害ですから、NBC災害現場で適切な判断ができる指揮者が育ちにくい実態があります。

　私は、平成24年から約3年半、「実は身近なNBC災害」という記事を消防雑誌に連載しました。これは消防職員の皆様がNBC災害の「壁」をスルリと乗り越えられるようにと意図した記事でした。その連載の中で強調したのは、NBC災害は「ごく身近で起きている災害」であり、大規模テロ災害ばかりがNBC災害ではないことでした。

家庭内で使われている化学薬品を考えても、「まぜるな危険」と表記された塩素系の漂白・除菌液は、使い方を誤ると人の呼吸器官にダメージを与えますが、日用品として薬局や量販店で販売されています。換気の悪い厨房で長時間火気を使い続けると、一酸化炭素や二酸化炭素の濃度が致死量に達し、中毒事故を起こします。換気ファンを回さずにビルの汚水層の点検・清掃作業を行うと、汚水槽内に溜まった硫化水素ガスによる中毒事故を起こします。プールの水を殺菌する次亜塩素酸ナトリウムに、汚れを凝集する液体を投入すると、大量の塩素ガスが発生しますので、塩素中毒事故が発生します。

　C災害を「日常生活空間で起きる事故」として捉えることで、事故発生原因となった物質の性質や対処方法を学ぶことができます。その過程は、「ナンダ！簡単ジャン」というほど単純です。

　本書は、NBC災害現場に出場する指揮者が、災害の実態をどのように予測して現場に向かい、災害活動の終息までに何を判断すべきかが簡単に分かるようにすることを目的としたものです。内容は、市民からの119番通報が入電してから活動を終了し、最終部隊が現場を引き揚げるまでを時系列に沿って会話形式で書きました。特に国や各消防本部が示すNBC災害に関する活動基準を紐解く際に、「知識の壁」を軽々と越えるための読み物ですので、通勤時の電車やバスの中、あるいはトイレや風呂の中ででも気軽にお読みいただければと思います。

　本書執筆に当たっては、東京法令出版株式会社の一由健吾氏をはじめとするご担当者の方々には拙い文章を丁寧に校正いただき、また、龍薗公乃氏には記述内容の理解を助けるすばらしいイラストを作成いただきました。この場をお借りして感謝の意を表します。

　　平成29年7月

　　　　　　　　　　　　　　　　　　　　　　　　　　　三好　陸奥守

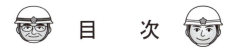
目次

第1話 洋菓子店の地下倉庫内で起きた二酸化炭素中毒事故
1 パリのチョコレート屋さん……………………………………………………………1
2 災害の概要…………………………………………………………………………3
3 二酸化炭素中毒と酸素欠乏症……………………………………………………5
4 原因不明の意識障害事故対応は？………………………………………………8

第2話 硫化水素ガス中毒事故の救助活動
1 「許容濃度」の意味は？……………………………………………………………10
2 災害の概要…………………………………………………………………………16

第3話 めっき工場火災事例（腐食性物質による化学熱傷）
1 NBC災害の参考書…………………………………………………………………20
2 災害の概要…………………………………………………………………………22
3 消防活動概要（延焼阻止・人命検索・安全管理・毒劇物情報の収集）…………25
4 消防活動概要（救急隊の傷病者対応・傷病者情報の共有）……………………26
5 除染水はTepid water（ぬるま湯）…………………………………………………28
6 除染で生じた汚染水の処理方法について………………………………………31
7 特殊災害部隊、ほかの活動………………………………………………………33

第4話 公衆浴場（天然温泉）で発生した有毒ガス中毒事故（塩素ガス）
1 家庭用漂白剤（除菌剤）の主成分…………………………………………………36
2 災害の概要…………………………………………………………………………41
3 C災害現場における初期対応活動………………………………………………43
4 塩素ガスの人体影響と重症度判断………………………………………………46
5 C災害現場における救出時の注意点と救急搬送………………………………49
6 危険排除活動と活動の終了………………………………………………………51
7 他機関の方々とのコミュニケーションの大切さ…………………………………52

第5話　一酸化炭素中毒事故

1　COガスによる事故の原因 …………………………………………………………54
2　炭火焼き居酒屋の事故 ………………………………………………………………56
3　飲食店の上階が共同住宅の場合の注意点 …………………………………………60
4　焼肉チェーン店で起きたCO中毒事故 ……………………………………………62

第6話　カジキマグロによるアナフィラキシーショックの集団発生

1　発端は集団救急事故 …………………………………………………………………68
2　ヒスタミン中毒ってどんな症状？ …………………………………………………70
3　災害の概要 ……………………………………………………………………………74
4　専門誌購読のススメ …………………………………………………………………75

第7話　ゾーンニングのはなし（ハロゲン化物噴出事故）

1　ゾーン設定の方法は？ ………………………………………………………………78
2　災害の概要 ……………………………………………………………………………89
3　消防活動状況（その1：現場の災害状況把握と人命検索活動） ………………91
4　消防活動状況（その2：危険排除活動・前半） …………………………………93
5　消防活動状況（その3：危険排除活動・後半） …………………………………94
6　活動方針の決定に関して ……………………………………………………………96
7　ゾーンニングの実際 …………………………………………………………………98

第8話　放射線防護のはなし

1　「放射線」の学習 ……………………………………………………………………103
2　放射線を学習するときの用語理解 …………………………………………………104
3　放射線の種類（放射線とは何か）…………………………………………………106
4　「被ばく」と「汚染」の違いを理解する …………………………………………108
5　放射線防護の三原則（時間、距離、遮蔽）………………………………………112
6　放射線事故現場の安全管理の目標 …………………………………………………115
7　国際機関や外国文書に挑戦する ……………………………………………………118

第9話　放射性物質のはなし

1　放射性物質学習の入口 …………………………………………………………120
2　放射性物質の壊変と半減期 ……………………………………………………122
3　アイソトープ手帳の利用法 ……………………………………………………126
4　街中の公園で発見されたラジウム226 ………………………………………131
5　放射性物質情報のある現場での活動上の留意点 ……………………………133
6　放射線学習のコツ ………………………………………………………………135

第10話　NBC訓練のやり方

1　NBC消防活動訓練の特徴 ……………………………………………………137
2　ある効果確認の想定作成者の意図 ……………………………………………139
3　NBC訓練の基本訓練 …………………………………………………………143
4　合同で行うNBC訓練の組み立て方 …………………………………………145
5　配置されたNBC専用資器材の取扱い ………………………………………150
6　実災害と訓練想定のギャップを理解する ……………………………………152
7　現示要員、傷病者要員の演出方法 ……………………………………………159
8　訓練会場のゾーン設定 …………………………………………………………161
9　訓練終了後の検討会 ……………………………………………………………163

第11話　教科書（例えば、活動マニュアル）には書かれていないこと

1　しょうゆとソース ………………………………………………………………169
2　災害資料のまとめ方 ……………………………………………………………173
3　特殊災害部隊の指揮者（その1・交代要員の準備と時間管理）……………177
4　特殊災害部隊の指揮者（その2・出場途上の情報収集）……………………180
5　特殊災害部隊の指揮者（その3・勇気を出して進言しよう）………………182
6　指揮者は評論家ではない ………………………………………………………188

第12話　NBC 災害活動の組み立て方

1　講義内容を具体的に活動方針にするには …………………………………………191
2　遮蔽とは？ ……………………………………………………………………………192
3　そして時間・距離 ……………………………………………………………………194

参考文献 ……………………………………………………………………………………197

登場人物紹介

先生

消防吏員歴30年のベテラン司令長。特殊災害部隊の隊長歴が長い。NBC災害に関係する多くの学会に参加しており、消防機関以外の研究者や医療関係者、警察、防衛省の職員と常に意見交換をしている。英語は苦手だが、仕事関連の英語文献を英英辞典片手に読破する粘り強さがある。部下には優しいが上司には厳しいという年齢の割にとがった性格が災いし、勤務先での評判は極めてよくない。仕事に関する情熱は非常に高いが、裏表の激しい、時にイケズな腹黒人間という困った管理職。

生徒

消防吏員歴6年の消防士長。NBC災害関連の研修を修了しており、特殊災害部隊の小隊長代理を務めている。仕事熱心ではあるが、まだまだ駆け出しの熱血漢。

第1話 洋菓子店の地下倉庫内で起きた二酸化炭素中毒事故

第1話で学習すること
- ☑ 酸素欠乏症と二酸化炭素中毒の違いを正しく理解しましょう
- ☑ 「意識障害」、「酸欠」という初期情報のキーワードを鵜呑みにしない活動
- ☑ 二酸化炭素中毒の正しい知識を身に付けましょう

1 パリのチョコレート屋さん

 先生！　何をモグモグやってんですか？

 ああ、コレを食べてたんですよ。

 ヘエー！　先生って甘党でしたっけ？

 そうでもないんですが……モグモグモグモグ

 ちょっと！　話を聴いていただきたいので、早く飲み込んでくださいよ。

 これは、1粒400円もするチョコですから、ジックリ味わって食べないとプレゼントしてくださったT先生に申し訳ないですからね。

 ヒョッとしてバレンタインチョコとかですか？

第 1 話　洋菓子店の地下倉庫内で起きた二酸化炭素中毒事故

何しろパリに本店がある専門店のチョコレートですからね。T先生の本気度の高さがうかがえます。

義理チョコもらって、こんなに喜んでるなんて、T先生も送りがいがありますね。真面目に勉強しましょうよ！

実は、今回のテーマは、このチョコレートに関係するのですよ。

そう来ましたか！
もしかすると、トリュフ・チョコを鼻の穴に突っ込んで取れなくなったとか……？

オッ‼　なかなかいい線突いてますね。
しかし、残念ですが外れです。チョコだったら放っておけば体温で溶けるじゃないですか！

先生も、なかなかノリがいいですね。

では、災害の概要からいきますよ。

頭の切り替えも早いです‼
先生のヨタ話に合わせている私って、なんて可哀想なんだろー。

この災害は、「二酸化炭素」による中毒事故なんですよ。

エエーーッ！　二酸化炭素って、ハイボールやチューハイに入ってる、シュワシュワの？

私(わたし)的には、「スパークリングワイン」ですね。モエ・エ・シャンドンとか……。

カッコ付け過ぎーー‼
だって、炭酸水なんか普通に飲んでいるのに、中毒を起こすんですか？
私たちの呼気にも入っているしー。

そこがこの話の大事な論点です。

「酸欠」の間違いじゃないんですか？

ホラ！　そこですよ。
「世の中で」と言うか、最近までは厚生労働省のお役人様だって誤解していたんですから。といっても、**法令**※はまだ改正されていませんけどね。
※労働安全衛生法・酸素欠乏症等防止規則

どういうことですか？

順を追ってお話ししますね。

 災害の概要

- 覚知日時：10月23日（日）　20時36分の119通報
- 発生場所：T区M町3丁目4番1号Sビル1階・洋菓子店の地下倉庫内
- 119通報内容：地下の倉庫内で、酸欠で人が意識を失って倒れた。
- 気象状況：晴れ、南西の風1m、気温17.2℃、相対湿度69％
- 災害概要
  ① 洋菓子店はチョコレートの専門店で、商品はいつも地下にある約20㎡の冷凍庫と約10㎡の冷蔵庫内に保管していました。
  ② Sビルでは事故発生日の前日21時から当日の20時まで、全館の電気設備の電源を切って点検作業を行っていました。
  ③ 店の従業員はこの停電時の保管対策のため、**冷凍庫内に約200kg、冷蔵庫内に約50kgのドライアイスを入れて商品を冷蔵**することにしていました。
  ④ 当日20時過ぎ頃に停電が復旧したため、冷凍庫と冷蔵庫の扉を開けて、保管していた商品の取出し作業をしていた店員3名が倉庫内で倒れたらしく、20時25分頃に空調作業員が地下倉庫に来たところ、意識障害や痙攣して倒れている3名を発見したのです。
- 出　場　隊：ポンプ隊2隊、救急隊4隊、特別救助隊1隊、特殊災害部隊2隊、指揮隊3隊　　　　　　　　　　　　　　　　　　　　　　　　　　　計12隊

4　第1話　洋菓子店の地下倉庫内で起きた二酸化炭素中毒事故

　119通報の内容に、「ドライアイス50kg」という情報が含まれていたのですか？

　119通報には「ドライアイス」という情報はありませんでしたが、先着のYポンプ中隊が店の従業員から「**事故現場はドライアイスを大量に貯蔵してある倉庫内**」という情報を得たため、無線でその出場隊に提供されていました。

　最先到着隊はどのように活動したのでしょうか？

　先着したのは、M消防署のY中隊です。

最先到着隊（Y中隊）現着時の状況

- 意識障害を起こした傷病者2名は、既に点検作業員の手で屋外に搬出されており、1名がまだ倉庫内に倒れている状態でした。
- Y中隊は、空気呼吸器を着装して倉庫内に入り、酸欠空気危険性ガス測定器（以下「マルチガス測定器」という。）で酸素濃度を測定しながら残りの1名を救出しましたが、**倉庫内の空気の酸素濃度は20％を超えており、低酸素状態ではありませんでした。**
- 後着したH特殊災害部隊は、毒劇物防護衣＋空気呼吸器という装備で倉庫内に進入し、ドレーゲルガス検知管（二酸化炭素用）とマルチガス測定器で内部の**二酸化炭素濃度と酸素濃度を測りながら内部進入しました**が、ドアが開放されていたためか、その時点ではいずれも屋外の空気と変わらない濃度で、高濃度二酸化炭素は検出していません。

　この活動記録を見る限りでは、「二酸化炭素の中毒」という状況はありませんね。

　消防隊が倉庫内に入った時点で倉庫の扉が開いていますので、既に換気されて倉庫内部に滞留したであろう二酸化炭素は希釈してしまったと思われますね。
　先着のY中隊が倉庫内に入ろうとした時点では、傷病者は「酸欠」という情報でしたから、倉庫内にはまだドライアイスは格納されていたかどうか分かりませんが、空気呼吸器を着装した判断は自然なことです。

　倉庫内の酸素濃度が20％を超えて低酸素状態ではないことが分かった時点で、Y中隊の隊長さんは「呼吸器の面体を外せ」という下命をしたのでしょうか？

後着した特殊災害部隊の活動記録から判断すると、この現場での活動は終始一貫して空気呼吸器を着装して活動していますから、「面体離脱」の判断はなかったでしょう。
　今回のテーマは、そこが最重要ポイントなのです。
　では、その後の活動状況を見てみましょう。

特殊災害部隊到着後の活動状況（危険排除活動）

- 地下1階部分に毒劇物危険区域を設定し、地下進入隊は空気呼吸器の着装を徹底した。
- 倉庫内に貯蔵されていたドライアイスを全て地上の空き地に搬出した。
- 排煙高発泡車により、地下倉庫内の強制換気を行った。
- 特殊災害部隊による地下1階以下の環境測定（酸素濃度＆二酸化炭素濃度）を実施し、安全確認を行ったのち、部隊の縮小を行った。

　この活動記録を見ると、特殊災害部隊は「二酸化炭素ガスは中毒危険がある」という立場で活動していますね。

　特殊災害部隊員は、研修講義で「高濃度の二酸化炭素は中毒危険がある」ことを聴いて知っているのです。
　消防隊が現場に到着した時点で、倉庫内の二酸化炭素ガスは希釈されて低濃度になっていたとしても、知識を持っていたことで地下1階全体を危険区域として、空気呼吸器着装を徹底させました。

　そうすると、先着のＹ中隊は結果として面体を離脱せずに活動しましたが、**もし倉庫内にまだ高濃度の二酸化炭素が残っていたら、マルチガス測定器が酸素濃度20％以上を示していたのですから、隊員の受傷リスクがあったのですね。**

3　二酸化炭素中毒と酸素欠乏症

　ここで、高濃度の二酸化炭素の毒性や、「高濃度」とは具体的にどのくらいの濃度をいうのかについてお話ししましょう。
　二酸化炭素の濃度と人体への影響についてのデータを見ると、濃度がppm（100万分の1を表す。）ではなく％レベルに達すると中毒症状が現れるようですね。

二酸化炭素濃度	症状発現までの暴露時間	人体への影響
2％未満		はっきりした影響は認められない。
2～3％	5～10分	呼吸深度の増加、呼吸数の増加
3～4％	10～30分	頭痛、めまい、悪心、知覚低下
4～6％	5～10分	上記症状、過呼吸による不快感
6～8％	10～60分	意識レベルの低下、その後意識喪失へ進む。ふるえ、けいれんなどを伴うこともある。
8～10％	1～10分	同上
10％超	数分間	意識喪失、その後短時間で生命の危険あり。
30％	8～12呼吸	同上

表1 二酸化炭素が人体に及ぼす影響

出典：二酸化炭素消火設備が設置された部分又はその付近で工事等作業を行う際の事故防止対策実施マニュアル（令和4年12月作成・令和5年3月改正）参考資料　資料1二酸化炭素の危険性

　　ppmと％を換算すると、1％＝10,000ppm ですから、この表1を見ると、二酸化炭素濃度が ppm レベルの20,000倍に達する状況で二酸化炭素中毒リスクが発生するのですね？

　　活動の安全管理上、最も重要なことは、「**酸素濃度が21％あっても、その場所に二酸化炭素が2％以上あれば中毒を起こす危険がある**」ということです。
　　一般的に、特殊災害部隊ではない通常のポンプ隊は、マルチガス測定器を積載することはあっても、二酸化炭素を測定できる検知器は持っていないことが多いです。
　　この事例でも、Y中隊はマルチガス測定器しか積載していませんでした。

　　なんか、「ヒヤリハット」の状況ですね。
　　結果 All right でしたけど。

　　『**中毒百科**』※の181～186頁には、ドライアイスによる中毒、二酸化炭素消火設備、火山ガスなどの二酸化炭素の事故事例が詳しく解説されています。
※内藤裕史　『中毒百科―事例・病態・治療―』　改訂第2版　南江堂　2001　（現在絶版）
　　現在では、高濃度の二酸化炭素が人体に及ぼす危険性については広く知られるようになりましたね。

でも、ネットで検索すると、いまだに「高濃度の二酸化炭素による事故は酸素欠乏症によるもので、二酸化炭素の毒性によるものではない」といった記述が見られますよ。

この話の災害事例はドライアイスが原因でしたけど、二酸化炭素消火設備の放出事故ですと消火濃度設定が35％ですから、ひと呼吸で意識障害になる危険がありますね。

二酸化炭素消火設備の消火原理が「窒息消火」と「冷却」という部分でも誤解を生じるのかもしれません。

日本職業・災害医学会の会誌を検索すると、「ドライアイスによる急性二酸化炭素中毒の1例」※というデータも出てきます。

※平川昭彦ほか 「ドライアイスによる急性二酸化炭素中毒の1例」 日本職業・災害医学会会誌 Vol.55 No.5 229～231頁 2007

その要旨に、「急性二酸化炭素中毒は意識障害や場合によっては死に至ることがあるが、あまり知られていないのが現状である。よって、原因不明の意識障害があり、現場で二酸化炭素ガス発生の状況が考えられるなら、急性二酸化炭素中毒を念頭に入れる必要がある」と記述されています。

日本中毒情報センターのK先生とお話をしたときも、「二酸化炭素中毒の認識が不足している」とおっしゃっていました。

そうか！
二酸化炭素は、日常生活の中でも身近なガスだけど、濃度が高くなると中毒を起こすのですね。肝に銘じておきます。

海外では、カメルーンのニオス湖からのガス噴出事故（1986年8月21日）も、湖水の深層水に溶けて過飽和になった二酸化炭素が浅水層に移動して地上の谷に流れ出したといわれています。

あの事故の原因は二酸化炭素だったのですか。
私もニオス湖の事故のことは資料で読んだことがあります。周辺の住民1,746名と家畜8,000頭以上が死亡したと書かれていました。

国内でも、1997年7月12日に、八甲田山中、田代高原で訓練中の陸上自衛隊・第9師団普通科連隊の22名のうち12名が田代平の中で意識を失い、3名が死亡した事故がありました。
この事故原因は当初「酸素欠乏症」と報告されましたが、その後の詳しい調査の結果「高濃度の火山性二酸化炭素を吸入して死に至った」と結論付けています。※

※中毒研究　一般社団法人日本中毒学会　Vol.11　No.3　221～225頁　1998

また、近年では同じ八甲田山系で2010年6月20日に家族で山菜取りをしていた2人が倒れ、そのうち中学生の女の子が死亡する事故が起きており、この事故原因も二酸化炭素の可能性があるとされています。

❹ 原因不明の意識障害事故対応は？

　この事例では、二酸化炭素による中毒事故を扱いました。話の中で、二酸化炭素の毒性については専門家の間では常識になっていても、一般にはまだ広く知られておらず「酸素欠乏」と混同されやすいことを強調したいと思います。

　二酸化炭素中毒と酸素欠乏症を混同することの危険性は、先生がおっしゃるように消防活動の安全管理上でも重要なポイントですよね。

　そのとおりです。
　繰り返しますが、
　現場の空気が低酸素状態でなくても、その時の二酸化炭素の濃度が高ければ中毒を起こして生命に危険を及ぼす可能性がある
ことをもう一度確認して、正しく覚えておきましょうね。

　119通報で「ドライアイス」とか「二酸化炭素消火設備」といったキーワードがあれば、原因の推測や隊員の防護装備の選択判断ができますね。

　「酸欠」と通報される場合もありますし、多くは原因不明で「意識障害」「倒れた」のような通報ですから、
- 先入観を持たずに危険側に判断して防護装備や測定器を準備する
- 先着が予想されるポンプ隊は空気呼吸器（面体）を着装して内部進入する
- 救急隊は、ポンプ隊の活動開始まで待機する

といった判断をして、消防職員が二次災害に巻き込まれないようにすることが重要です。

　ところで、そのフランス製のバレンタインチョコ、いい香りですね。
　私にも下さいな！

　1個だけですよ！

年を重ねるごとに「ケチ」になりますね、先生って!!

悔しかったら1粒400円のチョコをもらえる相手を作りなさい。

　私だって、先生よりたくさんもらっていますけど、コンビニレベルのチョコばかりなんです。

コンビニのスイーツだって、最近は充実していますよ。価格も手頃だし。

早く、1個下さい!!

※許容濃度について:許容濃度は、米国ではAGCIHが、日本では日本産業衛生学会が、毎年発表・勧告しており、その内容は少しずつ変わっています。有毒物質による災害対応を行う機関は、その情報を更新して活動に当たるよう心掛けてください。

マルチガス測定器GX-3R Pro(理研計器株式会社)

第2話 硫化水素ガス中毒事故の救助活動

第2話で学習すること
- ☑ 測定器が示す許容濃度の意味を理解しましょう
- ☑ NBC消防活動で許容濃度が必要な理由
- ☑ 硫化水素ガスの危険性と防護装備

1 「許容濃度」の意味は？

　特殊災害部隊では、いろいろな種類の測定器や検知器を使いますが、正直に白状すると「許容濃度」の意味が全く分かっていないのです。

　それはチョットマズイですね！
　と、言いたいところですが、実際のところほとんどの人が「許容濃度」の正しい意味を理解しているわけではないと思います。

　この際、「許容濃度」の正しい意味を学習したいです。
　詳しくお話ししてください。

　分かりました。
　それでは、全国の消防本部で最も普及している**マルチガス測定器**で測ることができるガスの一つ**「硫化水素ガス」**を例にお話しすることにしましょう。
　まず、日本国内の機関が勧告する許容濃度の話からいきましょう。

　日本だけでなく、いろいろな国の許容濃度があるのですか？
　面倒ですから、日本国内のものだけでいいじゃないですか！

　許容濃度については、測定器の取扱説明書やいろいろな報告書には、主に米国の機関が勧告する「許容濃度」も頻繁に使われているので、この際、両方覚えてしまいましょう。

　ハアー！
　そういうモノですか？　ラジャです。お願いします。

日本では、**日本産業衛生学会が勧告する許容濃度**があり、学会の機関誌に掲載されるほか、その勧告が掲載される号のみ、学会のホームページで会員以外にも公開されています。
　ここでは、許容濃度だけではなく、「生物学的許容値」「騒音」「衝撃騒音」など労働者が健康上の影響を受ける可能性のある11種類の環境要因について勧告されています。
　それによると、**許容濃度は、**
　労働者が1日8時間、週間40時間程度、肉体的に激しくない労働強度で有害物質に曝露される場合に、当該有害物質の平均曝露濃度が、この数値以下であれば、ほとんど全ての労働者に健康上の悪い影響が見られないと判断される濃度である。
　曝露時間が短い、あるいは労働強度が弱い場合でも、許容濃度を超える曝露は避けるべきである。なお、曝露濃度とは、呼吸保護具を装着していない状態で、労働者が作業中に吸入するであろう空気中の有害物質濃度である。（以下省略）
　ちなみに、この勧告では、**硫化水素の許容濃度は5 ppm（2016年度勧告）**とされています。

　と、いうことは、例えば「消防隊員が活動中に5 ppmの硫化水素を吸った場合、いきなりぶっ倒れて生命に危険が及ぶ」という意味の許容濃度ではないのですね？

　そうです。
　許容濃度とは、労働作業環境基準であり、示された時間や期間に連続して曝露した場合にも、それ以下ならば健康影響は受けないという数値を意味します。

　では、毒劇物危険区域の設定基準として運用していることを考えると、危険区域から先は防護装備が必要だという意味や、危険区域から脱出したら除染が必要だ、という意味が感じられませんね。

写真1　毒劇物危険区域と除染区域の境界線付近で、救助した傷病者の受け渡しをしている陽圧防護衣着装隊員と毒劇物防護衣着装隊員（訓練）

写真2　除染区域と消防警戒区域の境界線付近で、除染テントを設定して除染区域の拡大作業を行っている隊員（訓練）

　許容濃度について、米国の例をご紹介します。
　それは、**米国産業衛生専門家会議（American Conference of Governmental Industrial Hygienists ➡略して「ACGIH」）** という機関が勧告する許容濃度の一つで、世界標準として利用されている最も権威ある基準です。
　その中で、日本国内でもよく使われる二つを紹介しましょう。
　TLV－TWA：Threshold Limit Value for chemical substances－Time Weighted Average【化学物質の閾限界値－時間加重平均】
　重労働ではない普通の作業を、1日8時間、1週間に40時間、有害物質に曝露する作業を毎日繰り返し行っても、労働者人生において悪影響を被ることがないとされる濃度
　TLV－STEL：Threshold Limit Value for chemical substances－Short Term Exposure Limit【化学物質の閾限界値－短時間曝露限界】
　1日のどの15分間にもTWAを超えてはならず、かつ、毎日の曝露がTWA以下であれば、ほとんど全ての作業者の健康に悪影響を及ぼさない濃度

　TLV－TWAの方は、日本の許容濃度と同じですね。

　定義は同じですが、硫化水素の場合、
　TLV－TWA ➡ 1 ppm、TLV－STEL ➡ 5 ppm（いずれも2015年勧告）
と日本の基準よりも厳しい内容です。

　STELはTWAよりも高い濃度ですね？

短時間（15分間）に曝露する濃度を想定していますから、そうなりますね。

一酸化炭素では、どういう数値ですか？

日本産業衛生学会勧告：50ppm
TLV－TWA：25ppm、TLV－STEL は記載がありません。

日本よりも米国の方が厳しい基準を設けていますね。

必ずしもそうとは限らないのですが。
また、もう一つ大事な解説がなされています。
ACGIH は、TWA の濃度から STEL の濃度による曝露は、15分間未満、1日に4回未満、連続的な曝露は少なくとも60分間の間隔を置くべきであるとしており、作業のインターバル的な休憩時間の確保についても言及しています。
さらに、TLV－C【Ceiling】という「閾限度上限値」を設けています。
TLV－C：閾上限値
瞬間的な濃度測定が利用できない場合は、（ガスの）サンプリングは上限値以上の曝露濃度を測定するのに充分な最小時間で処理すべきである。

チョット、日本語的に意味が分からないです。

原語の直訳なので分かりにくかったですね。
要は、「瞬間的な濃度が測定できない場合、つまりマルチガス測定器のようにボタンを押せばすぐに結果が得られるような測定ができない場合は、ガスのサンプリングに時間を掛けるな」といっているのですが、STEL の15分間よりもさらに短時間の濃度上限値を想定しています。

硫化水素と一酸化炭素の TLV－C は設定されているのですか？

この2つは、TLV－C の記述はありません。

なぜないのでしょう？

 まだ原書を全部読んでいないので分かりませんが、おそらくTWAやSTELの濃度以上では悪影響が懸念されるからではないでしょうか。

 ここで、一つ疑問があります。
私たちも労働者ですよね。
でも私たちは、許容濃度を遥かに超える場所で救助活動や危険排除活動をします。
労働者として、何か不公平ではありませんか？

 だから、私たちには莫大な予算が投入されて、危険な環境でも健康被害を受けないように防護衣や測定器が配置されているではありませんか。
　だから、**私たちは全ての隊員がNBC災害という目に見えない脅威の中で安全に活動するために、配置されたNBC専用資器材を正しく使う義務がありますし、安全を確実にするために活動要領を作っていますし、この本のような参考書を認めている**のです。

 確かに先生のおっしゃるとおりです。
このお話の種本は原書ですか？

 そうですよ。
どこの書店でも売っていなかったので、わざわざK書店で注文して輸入してもらったのです。

 何という本ですか？　価格は？

 『2015 TLVs® and BEIs®』というACGIHが発行している洋書です。
価格は当時12,444円（税込）でした。ハンドブックのような小さな本です。
　内容に対して価格が高すぎるとは思いましたが、ACGIHの勧告は無償公表されていませんし、是非必要だったので買いました。

これ、本書を書くのに買ったのですか、ワザワザ？
12,500円も出して……。
原稿料、3倍にしていただいてもおかしくないです！！！
だって、英文の原書を先生自ら翻訳して、この本を書いていらっしゃるのでしょう？

自分の知識を増やすためですから、別に惜しくはありませんが。
　だって、それを言い出したら、プリンターのインク代だって印刷用紙代だって、相当掛かってますからね。

先生、ヤッパ太っ腹だわ！！

　と、いうことで、**「許容濃度」が意味することは、許容濃度ピッタリの有害物質に触れたり、ガスの雰囲気の中で空気呼吸器の面体を外したりしても、急激な中毒症状に陥る危険があるということではない**ことは理解できたと思います。

　「消防活動の安全管理」という目的から考えると、許容濃度に達した時点で危険区域を設定するというのは、チョット行き過ぎというか神経質すぎるというか……。

君の言いたいことは分かりますが……。
　例えば、5ppmの硫化水素ガスが充満する空間の中を想像すると、ピンポイントではそれを数十倍も上回る濃度のガスが滞留している場所があるかもしれません。

　過去に温泉旅館で起きた死亡事故や、火山ガスで起きた事故のことを思うと、その危険はないとはいえませんね。

　これから硫化水素ガスの災害事例をご紹介しますが、大都市の小さなビルの地下空間で、重症の硫化水素中毒で倒れる事故が、実際に起きています。
　硫化水素ガスが恐ろしいのは、高濃度のガスを吸い込んだ瞬間に意識障害を起こす性質を持つ侮れないガスの一つなのです。

2 災害の概要

- 発生日時：4月29日　13時35分の119通報
- 発生場所：C区K町2丁目11番
- 指令内容：救助活動、ビルの地下1階、ピット内に、酸欠による傷病者4名
- 気象状況：南の風3m、気温27.6℃、実効湿度54%
- 出場隊：第1出場：ポンプ小隊1隊、救急隊2隊、指揮隊1隊、特殊災害部隊1隊、特別救助隊2隊
  特命出場：救急隊3隊、指揮隊1隊、3本部機動部隊
- 災害概要：
  ① ビルの地下1階にある汚水槽ピット（深さ：1.5m、開口部の大きさ：0.6m×0.6mの汚水槽）内部の清掃作業をしていた作業員が、ピット内部に充満していた何らかの有毒ガスを吸ってその場で倒れ、脱出不能となった。
  ② 救助隊（救助服、空気呼吸器）は、可搬式送風機でピットの内部に送風しながら4名をサバイバースリングで吊り上げ救助した。
  ③ 後着した特殊災害部隊は、現場から40m離れた位置に達した時に硫黄様臭気を感じたため、現場前の歩道に毒劇物危険区域を設定し、陽圧防護衣を着装した隊員により、マルチガス測定器とFTIR※を使用してピット内部の環境測定を行った結果、最大100ppmの硫化水素ガスを検出した。

  ※Fourier Transform Infrared Spectroscopy（フーリエ変換型赤外分光光度計）

  ④ 要救助者の救助完了後、救助隊の可搬式送風機によりピット内部の換気を実施し、危険を排除した。
  ⑤ 特殊災害部隊は、送風による危険排除活動後、ピット内部の環境測定を再実施し、酸素濃度：21%、硫化水素濃度：0ppm、一酸化炭素濃度：0ppmを確認し、ピット内部が安全であることを指揮本部長に報告した。
- 傷病者の状況（救急隊の初期観察時）
  ① 傷病者A→意識レベル：300（JCS）、呼吸：20回／分、脈拍：126回／分
  ② 傷病者B→意識レベル：300（同）、呼吸：24回／分、脈拍：120回／分
  ③ 傷病者C→意識レベル清明、呼吸：18回／分、脈拍：108回／分
  ④ 傷病者D→意識レベル清明、呼吸：18回／分、脈拍：102回／分

　　先ほど、硫化水素ガスの許容濃度については解説しましたが、確認のために再度書きますと、
　　日本産業衛生学会勧告値：5ppm

　　　　　ACGIH勧告値：TLV－TWA：1 ppm、TLV－STEL：5 ppm
　　でした。
　　さらに、日本中毒情報センターの資料（医師向け中毒情報）を見ますと、
- **硫化水素は水に溶けやすい性質を持つため、粘膜の水分に溶けると比較的低濃度で眼、気道、皮膚粘膜を刺激する**
- **気道刺激が強いと、曝露後24〜72時間で肺水腫が出現することがある**
- **経皮曝露の場合、全身症状を現すほどではない**
- **濃度が800〜1,000ppmでは、ひと呼吸以上でほぼ即死する。ノックダウンといわれるくらい急激である**

公益財団法人日本中毒情報センター　医師向け中毒情報【硫化水素】Ver.1.07より抜粋

　　日本産業衛生学会の勧告には、「**経皮吸収**」の危険性に関する記述はありません。

　この災害では、当初の情報は「酸欠による傷病者」だったのですね。

　災害概要では省きましたが、その後の消防本部情報では、「ピット内部の清掃作業に塩素系の洗浄剤（塩化水素を含む洗浄剤）が使用された」という内容を受けて、特殊災害部隊は陽圧防護衣を着装させて出場しています。

　救助隊は、毒劇物防護衣を着装せずに空気呼吸器のみで活動していますが、よいのでしょうか？

　私は、それでよいと思います。理由は次のとおりです。

- 当初の指令内容は「**酸欠による傷病者**」であり、毒劇物情報はありませんでした。
- そのために、救助隊はまず**ピット内部に新鮮な空気を送り込むために、可搬式送風機を使って送風しています**。これは要救助者の悪化防止のために非常に適切な活動でした。
- さらに、毒劇物防護衣の着装に不慣れな救助隊員が着装に手間取っていれば、症状の重い2名の救命はできなかった可能性があります。
- 硫化水素ガスの人体危険性のデータによれば、「**汗に溶けた硫化水素ガスが皮膚に刺激を与える可能性あり**」となっていますが、**経皮吸収で重症な影響を及ぼす危険はない**とされています。
- 日本産業衛生学会では、経皮吸収の欄は空白です。

　よって、救助活動を始めるに当たってピット内部の環境改善を図りながら、迅速に4名を救助した判断は、非常に適切でしたし、防護服を着装しなかったことについてのマイナス要素はないと思います。

仮に、救助服に染みた汗に、硫化水素が溶けて皮膚に刺激を与えるとすれば、どの程度の危険性があるとお考えですか？

蔵王温泉や箱根温泉、草津温泉で、硫化水素泉に浸かるとピリピリ感じる程度だと思いますけど。

なるほど！　先生ならでは、というか、先生らしいご意見ですね。
硫化水素ガスを気道から吸い込んだ場合の危険性についてはいかがですか？

かつて、硫黄を含む入浴剤や園芸用の肥料に、トイレ洗浄剤を混ぜて、自損を図る事故が多発したことがあります。

材料は、いずれも非常にポピュラーな市販の家庭用品ですから、悪用すれば恐ろしい犯罪につながる可能性も否定できません。

また、温泉地や火山地帯で、湯治客や登山者が犠牲になる事故も起こっています。

中毒情報センターの資料にもあるとおり、高濃度の硫化水素ガスは一瞬にして意識障害を起こし、危険な場所から逃げる暇を与えない、恐ろしいものであることは確実です。

写真3　大型除染テント内で医師と救急救命士がトリアージを行っている（訓練）。

> **参考**
> ❶　"BEI"は「生物学的許容値」とか「生物学的モニタリング」と呼ばれるもので、その勧告値の範囲であれば、ほとんど全ての労働者に健康上の悪い影響が見られないと判断される濃度を表します。
> ❷　日本産業衛生学会が勧告する許容濃度は、産業衛生学雑誌上又は日本産業衛生学会ホームページで発表されますが、その濃度の数値を扱う上で、10項目に及ぶ細かい注意事項が記述されています。災害現場で許容濃度を扱う上でとても大事なことなので、是非一読してください（原文省略）。

❸ TLVs® and BEIs®の注意書き(AGCIHホームページから原文を翻訳したもの)

閾値限界値(TLVs®)及び生物学的暴露指標(BEIs®)は、独立した知識を有する個人からなる任意団体により決定されたものです。TLV又はBEIのレベル以下の暴露は、疾病又は障害の不合理なリスクを生じないという、文書に記載されたデータを検討した科学界の意見を表しています。

TLV及びBEIは基準ではなく、産業衛生専門家が職場で見られる様々な化学物質や物理的要因への安全な暴露レベルを決定する際に使用するためのガイドラインです。これらのガイドラインを使用する際には、TLV及びBEIは、特定の職場の状態を評価する際に考慮すべき複数の要因の一つにすぎないことに注意すべきです。

TLV及びBEIは、様々な化学分野(産業衛生、毒物学、産業医学、疫学など)の既存の出版物や査読済文献を検討する委員会によって設定された健康に基づく値です。TLV及びBEIは健康上の要因のみに基づいているため、経済的又は技術的な実現可能性は考慮されていません。

第3話 めっき工場火災事例（腐食性物質による化学熱傷）

第3話で学習すること
- ☑ 酸・アルカリ・毒劇物を大量に扱うめっき工場災害
- ☑ 人の皮膚を除染するときの留意事項
- ☑ 海外資料にも挑戦しよう

1 NBC災害の参考書

　君は、私たちの特殊災害部隊が創設されたとき、いろいろな有毒物による中毒学の講義を受けたことを覚えていますか？

　確か、N先生のご講義でしたよね。
　部隊の隊員の中には、N先生の著された参考書を買って学習している人もいますよ。私も買って読もうと思っています。

　その本、私も持っていますけど、残念ながら今は絶版になっていますよ。

　エエッー！　本当ですか？
　早く買っておけばよかったー。

　東京・神田神保町の古書街に行けば手に入るかもしれません。
　理工学書を探すなら、M書店がよいでしょう。

　先生は、古書街にはよく行かれるのですか？

　大学時代は、教授が市販されている専門書をテキストにすることが多かったので、ほとんど古書街で買っていました。
　神保町の古書街は、今でも月に二度くらいは通っています。
　地元の本屋さんにない新本を買うときでも、必ず見つかりますからね。

専門書って、高価なんですよね。
部隊の書棚にある『中毒百科』※なんて、すごく役に立ちますけど税込で1万円を超す高価な本です。
※内藤裕史　『中毒百科―事例・病態・治療―』　改訂第2版　南江堂　2001

『化学物質毒性ハンドブック』※なんかはもっと高価（59,400円）で、小遣いでは買えませんので、専ら図書館で読んでいます。
※George D. Clayton・Florence E.Clayton（編）　内藤裕史・横手規子（翻訳）　『化学物質毒性ハンドブック』　丸善　1999

ところで先生、何の話でしたっけ？

ああ、そうそう！
N先生の講義の中で、酸やアルカリの人体への局所作用と全身症状のお話があったでしょう？　ちゃんと聴いていましたか？

もちろんです！
あのご講義は災害事例が満載でしたので、面白い上にとても実戦的な内容ですから、現場でもすごく役に立っています。

N先生のご講義は災害現場で化学熱傷の被災者に接触したときに、迷うことなく「真っ先に何をすべきか」を判断できる内容でした。
どれほど役に立っているか計り知れません。

そこで、この話のテーマですが、「酸やアルカリなどの人体を腐食する化学熱傷事例」を扱おうと思いますけど、いかがでしょうか？

大賛成です！
私たちも化学熱傷を受けた被災者や、その危険があった現場に何回も遭遇していますし、日常生活に密着したテーマですから、私たちのNBC災害コンセプトにピッタリだと思います。

分かりました。では除染についてもすばらしい活動があった事例を選んでご紹介しましょう。

2 災害の概要

　災害事例として、めっき工場火災現場で救助された被災者が化学熱傷を負った事例を取り上げましょう。

　めっき工場の中には危険な薬品がたくさんあるので、内部進入するときは慎重に行動しないと、ウッカリするとめっき液のプールに転落しちゃいますのでとても緊張します。

　それでは、災害概要からいきましょう。
　この火災は、火元建物内にある毒物・劇物への配慮、要救助者情報の扱い、毒劇物に対する消防隊員の安全管理、使用資器材の除染、救出した傷病者の除染など、多くの教訓を残しました。

災害の概要

発生時期：3月
覚知時分：9時44分
発生場所：K市H町
　　　　　準耐火4／0　めっき工場4階焼損（部分焼）
　　　　　火点建物は、中小規模の工場・作業場や商店などが密集する街区にあった。
気象状況：西の風1m、気温5.3℃、湿度51％（消防本部観測）
要救助者等：消防隊現着時、4階に要救助者3名ある模様の情報あり。
　　　　　消防隊により4階から3名救助
出　場　隊：ポンプ隊10隊、特殊災害部隊6隊、指揮隊6隊、救助隊2隊、救急隊5隊、はしご隊2隊、資材輸送隊等3隊、消防ヘリ1隊
　　　　　合計35隊
火災に至った経過：①　出火当時、建物3階の屋上（4階作業場と高さを同じくする陸屋根部分）で、作業用リフトの設置工事が行われていました。
　　　　　　　　②　工事作業員が使用していた溶接機の火花が、付近に置かれていた発泡スチロール材に着火して炎が立ち上がり、4階作業場に延焼拡大しました。

　この火災の特徴は、次のとおりです。

① 出火建物の作業場や階段室内に、毒物・劇物が大量に貯蔵されており、消防隊員のめっき槽転落危険や汚染危険がありました。
② 消火放水がめっき槽等に入ると、毒物・劇物が環境に漏洩(ろうえい)したり、めっき槽内部に貯蔵されている薬品が化学反応を起こす危険がありました。
③ 4階に逃げ遅れた要救助者が3名いました。
　逃げ遅れ情報は、当初、工場の従業員から「4階部分は全員避難済」の情報を得ましたが、指揮隊員が他の社員から4階部分にいた従業員3名が確認できないとの情報を得たため、活動方針を**人命検索と火勢制圧**に変更しています。

めっきに使われる化学薬品にはどのようなものがあるのですか？

めっきは大きく分けて3つの工程があるそうです。工程ごとに使われる化学薬品の種類を**表1**にまとめました。

	前処理薬品	めっき（処理薬品）	後処理薬品
酸系	塩酸、硫酸、硝酸、フッ酸、燐酸、酢酸、クロム酸、クエン酸等 （錆び落とし、脱脂、エッチング、化学研磨、スケール除去、活性化、中和等）	クロムめっき液（無水クロム酸）、硫酸銅めっき液（硫酸銅）、ニッケルめっき液（硫酸ニッケル、塩化ニッケル、硼酸）、酸性無電解ニッケルめっき（硫酸ニッケル）、酸性錫めっき（硫酸第一錫）等 金属塩の補充、pH調整、物性改善等	塩酸、硫酸、クロム酸、クエン酸、クロメート処理剤、化成処理剤等 （中和、洗浄、再活性化、着色、耐食性向上）
アルカリ系	水酸化ナトリウム、水酸化カリウム、シアン化ナトリウム、シアン化カリウム、グルコン酸ナトリウム、オルソケイ酸ナトリウム、メタケイ酸ナトリウム、燐酸ナトリウム、過マンガン酸カリウム、炭酸ナトリウム等 （脱脂、エッチング、中和、スケール除去等）	シアン化銅めっき（シアン化第一銅シアン化ナトリウム）、ピロ燐酸銅めっき（ピロ燐酸銅、ピロ燐酸カリウム）、シアン化亜鉛めっき（シアン化亜鉛、シアン化ナトリウム）、シアン化金めっき（シアン化金カリウム）、シアン化銀めっき（シアン化銀）、アルカリ性錫めっき（錫酸ナトリウム）、アルカリ無電解銅めっき（水酸化ナトリウム）等	苛性ソーダ、苛性カリ、シアン化ソーダ、シアン化カリ、グルコン酸ソーダ化成処理剤等 （中和、洗浄、再活性化、着色、耐食性向上）

分類	薬品例	用途・特徴	備考
		金属塩の補充、pH調整、物性改善等	
中性系＊界面活性剤	（界面活性剤）アニオン系トリメチルベンジルアンモニュウムクロライド、ノニオン系ポリオキシエチレンラウリルアルコールエーテル等、アルキルベンゼンスルホン酸ナトリウム等中性脱脂剤、エマルジョン系脱脂剤等（脱脂、ぬれ性付与）	中性浴金めっき、中性浴銀めっき、中性浴無電解ニッケルめっき等　酸系やアルカリ系薬品等との組み合わせによりpHが中性にコントロールされるもの。また、左記界面活性剤は、ピット防止、物性改善を目的とするため添加される。	乾燥促進、防錆として一部使用
有機系	塩素系（トリクロロエチレン）、炭化水素系（アセトン、トルエン、イソプロピルアルコール、MEK、メタノール等）（脱脂、エッチング、塗装剥離等）	トリエタノールアミン、サッカリン、ブチン、ナフタリンスルホン酸塩、チオ尿素、安息香酸、クエン酸塩、ぶどう糖、デキストリン、ゼラチン等　物性改善（光沢（平滑性）、展性・延性、硬度等）を目的とする有機添加剤等	トリクロロエチレン、アセトン、トルエン、イソプロピルアルコール、MEK、メタノール等（洗浄、乾燥促進）
無機系	無機研磨剤（バフ研磨、サンドブラスト、液体ホーニング等に使用されるアルミナ、二酸化珪素、炭化珪素、酸化クロム酸化鉄等）（錆び落とし、脱脂、エッチング、スケール除去、活性化、表面粗化等）	硫黄化合物（チオシアン酸カリウム、チオ硫酸ナトリウム等）及び金属化合物（亜セレン酸ナトリウム、亜鉛酸ナトリウム、コバルト、ビスマス、モリブデン、ニッケル、リチウム、アンチモン等）物性改善（光沢（平滑性）、展性・延性、硬度等）を目的とする無機添加剤等	無機研磨剤（バフ研磨、サンドブラスト、液体ホーニング等に使用されるアルミナ、二酸化珪素、炭化珪素、酸化クロム酸化鉄等）（つやだし（平滑性）、梨地、ヘアライン、表面粗化等）

表1　めっきで使われる主な薬品

※出典：城南電化協同組合ホームページ　めっき薬品・材料

　めっき液の多くは高濃度の酸やアルカリなどの劇物、極めて毒性の強い毒物ばかりですから、例えば濃硫酸の入っているめっき槽への注水は厳禁ですし、上階で大量放水をすれば、めっき槽の液が溢れ出して活動隊員に危険を及ぼすばかりでなく、環境汚染を引き起こしますので、その対策を考慮しなければなりません。

　それでは、消防活動の内容を詳しく見ていきましょう。

3 消防活動概要（延焼阻止・人命検索・安全管理・毒劇物情報の収集）

(1) 最先到着隊の活動

　火点建物4階が延焼中であることを確認し、工場の従業員から「4階の社員は全員避難した」という情報を得たが、その後、「4階に社員数名が残っている可能性あり」との追加情報があり、4階に進入して火勢制圧と人命検索を行っています。

(2) 第2到着隊の活動

　指揮隊員と工場従業員から「4階部分にいたはずの社員3名が確認できない」との情報を得たため、指揮本部にその情報を報告し、救助隊と共に4階の火勢制圧と人命検索を行い、逃げ遅れ3名を発見し、抱え救出で救助しています。

(3) 指揮本部長の指揮活動

① 当初、「火点階の4階には逃げ遅れなし」との情報を得たが、その後「4階部分に逃げ遅れが3名いる」との新情報を得たため、活動方針を「延焼阻止と人命検索」としました。

② 工場作業場内にめっきに使用する毒劇物が貯蔵されているとの情報を得たため、安全管理専任隊を指定し、1階・3階作業場と階段室内への隊員の進入統制を下命し、進入隊員と退出隊員を厳しくチェックさせました。

③ 1階・3階の作業場にあるめっき槽内の薬品に放水による水が入らないように、防水シートによる防止措置をさせました。

④ 4階の火勢制圧放水を間欠放水とし、下階のめっき槽の劇物に水を入れないために放水量を制御させました。

⑤ 「4階から救助した逃げ遅れ者の衣服に異臭を伴う黄色の付着物があり」との情報を得たため、活動各隊に対して「空気呼吸器の完全着装」「進入管理の徹底」を指示しました。

⑥ 救助に関わった隊員の個人装備の確認を下命したところ、隊員の空気呼吸器の面体部分が変色しているのを確認しました。なお、この確認は装備品を除染してから実施しています。

⑦ 消防警戒区域内に、2トン簡易水槽を設置して建物内部進入隊の個人装備品やホースの現場応急除染の実施を下命するとともに、活動各隊に対して帰署後に防火衣、ホースを含む使用資器材の洗浄を指示しています。

⑧ 要救助者の衣服に付着していた液体について、特殊災害部隊長と支援出場した研究室員に分析を依頼しました。

　この火災の指揮本部長の活動方針や下命内容は、「めっき工場火災」という特殊な環境に応じた危険のほとんどを予測して丁寧に対応しています。

現場に簡易水槽を設置して、隊員や使用資器材の洗浄を行うという活動は、まさにNBC災害マニュアルの除染活動そのものですよね。

この現場の指揮者や活動隊は、NBC災害という意識をせずに、傷病者の悪化防止をどうすれば実現できるかなどを工夫しながら活動した貴重な事例です。

「NBC災害対応」というと、通常の火災対応や救助活動とは違った、何か特別な知識が必要だと思われがちですけれど、この事例では傷病者の悪化防止や隊員の受傷防止を図ることが重要なポイントだったのですね。

ところで、この災害では、ほかにもすばらしい活動がありました。
それは、4階から救助した逃げ遅れ者に対応した救急隊の活動です。

4 消防活動概要（救急隊の傷病者対応・傷病者情報の共有）

K救急隊の活動：
① 4階から救助された逃げ遅れ者のうち、22歳の女性1名を扱ったK救急隊は、車内収容後に女性から「腰が痛い」という主訴を聴取しました。
② 本人の了解を得てズボンをずらして観察したところ、下着に黄色付着物を確認し、さらに側臥位に体位変換した時点でズボンからむせるような臭気を感じました。
③ ゴーグルとN95マスクを着装して、本人の了解を得てズボンと下着を脱衣し、腰部・臀部を滅菌精製水で洗浄し、ガーゼで清拭を行いました。
④ 脱がせたズボンと下着は、ビニール袋に収納して密封し、研究室のステンレス容器に収納して指揮本部に持参して報告しました。
⑤ K救急隊は、隊員にゴーグル・N95マスクを着装させ、車内換気を行いながら搬送を開始しましたが、女性が「背部の痛みが激しくなった」と訴えたため再度背部の観察を行いました。
⑥ 観察の結果、臀部全体が黄色く変色しており、皮膚表面が荒目状にただれた状態に変化していましたので、無線で消防本部の指導医に「再度、滅菌精製水で洗浄すべきか」助言を求めたところ、「病院到着までの時間が短いので、そのまま搬送せよ」との指示でした。
⑦ さらに救急隊長は、現場指揮本部でメモしておいた工場関係者の電話番号に電話を掛け、4階に置いてあった薬品が濃硝酸、クロム酸、フッ化水素酸であったことを聴き出し、消防本部に報告しました。

先生、めっき液に使われる薬品は、工場内ではどのような形で貯蔵されているのでしょうか？

　濃硫酸や濃硝酸というように単品で保管されている薬品もあれば、めっき槽の内部のように複数の薬品の混合液の形で扱われているものもあります。

　すると、女性が火災現場でどのような薬品に接触した可能性があるかを知りたい場合は、救助された場所にあった薬品の内容を知っている人に直接聞くのが一番手っ取り早いですね？

　K救急隊の隊長はそのように判断したと思われます。
　学校の化学室にあるように、物質名だけを表示しているわけではなく、めっき液としての商品名が表示されているものが多いので、従業員に確認することが確実でしょう。

　「ゴーグル、N95マスク、車内換気」という措置について、それでよいのですか？

　救急隊が装備している隊員の保護資器材は感染防止用が中心ですから、持てる装備を活用して傷病者に付着している薬品による二次被害を防ごうとしたと思われますし、その目的を達していますから、隊長の判断は適切です。

　消防本部の「指導医」とは、どのような人なのでしょう？

　消防本部の指令管制室に24時間待機して、救急隊からの報告を受けたり、助言要請に対応したりする医師のことです。

　「滅菌精製水で傷病者の患部を洗浄する」という処置については、いかがでしょうか？

冒頭でご紹介した『中毒百科』によれば、

- 腐食性物質が付着したときの最善の処置は、流水で洗い流すことである。希釈と除去の2つの効果がある
- 水よりも生理食塩液、冷水よりもぬるま湯の方が望ましいが、それよりも一刻も早く洗い流すことを優先する
- 現場での応急処置として最低15分間洗い続ける　　　　　　　　　※

と解説されています。
※内藤裕史　『中毒百科―事例・病態・治療―』　改訂第2版　南江堂　100〜102頁　2001

すると、K救急隊の処置は、「最善の処置」だったのですね？

この処置も、傷病者側の立場で積載資器材を積極的に活用して悪化防止を図ろうとしており、高く評価されるべき行動です。

5　除染水はTepid water（ぬるま湯）

「冷水よりもぬるま湯の方が望ましい」とは、どういう意味でしょうか？

冷水は、皮膚表面が収縮して汚染物質を除去しにくくなるからです。
米国のNCRP※の文献によれば、人体に付着した放射性物質の除染をする場合は、

- Hot water は、皮膚を充血させ、汚染物質を吸収させやすくなるので（×）
- Cold water は、今説明したとおりですから（×）
- Tepid water が、除染に最適な水（○）

と解説されています。
　ちなみに、Tepid water というのは、「微温水」と訳されますが、「触って『冷たい』と感じない程度の水」だそうです。
※NCRP：National Council on Radiation Protection and Measurements（米国放射線防護計測委員会）　「Management of Terrorist Events Involving Radioactive Material」　NCRP Report No.138　41頁（10行目〜22行目）　2001

> **参考：NCRP Report №138　41頁の10行目～16行目（原文）**
> For a more localized area of contamination, a simple irrigation may be all that is needed.
> Tepid water, with or without a mild detergent is generally very effective. Hot water is not used in order to avoid a hyperemia that may increase absorption of contaminants through the skin.
> Cold water is also not used since it would tend to close skin pores and trap radioactive contamination.

　上の原文の和訳は、その前の文章に示したとおりです。

　私たちが除染の訓練をするとき、水酸化ナトリウムのようなアルカリ物質を訓練人形に塗って水除染を試みますが、いくら洗ってもアルカリはなかなか落ちません。
　ですから、皮膚を除染するときは、ブラシでゴシゴシ擦った方がよいのではありませんか？

　**いいえ！　ヒトの皮膚をブラシで強く擦ってはいけません。
　軟らかいスポンジのようなもので優しく洗ってください。**

　なぜでしょうか？

　皮膚を傷付けてしまうと、汚染物質が傷口から体内に取り込まれてしまうからです。
　汚染物質が放射性物質の場合は、内部被ばくにつながることがあります。

　「除染活動」は、風呂に入るような安易なものではないのですね？

　皮膚は、「一番身近な防護服」と考えましょう。
　傷付いていない皮膚は、体内に汚染物質が入るのを防ぐ大事な防護服なのです。
　だから、**除染で皮膚を傷付けてはなりません。**

　なるほど！
　「皮膚も防護服」という解説は、先生ならではですね。

私が提案したワケではありません。
先のNCRP Report No.138に書かれているのです。
参考までに、その部分の原文を紹介しておきます。

> 参考：NCRP Report No.138　41頁の16〜23行目（原文）
>
> The decontamination of intact skin should begin with areas of highest contamination levels and progress to areas of lower contamination levels.
> 無傷の皮膚の除染は、汚染の程度が高い部分から始め、汚染の程度の低い部分へと進めていくべきである。
>
> Every effort should be made to avoid contamination of otherwise clean areas. Because the intact skin is a very effective barrier to internal contamination, every care should be made to avoid irritating or in any way compromising this barrier.
> あらゆる（除染）作業は、他のきれいな部分を汚染することのないように行うべきである。なぜならば、無傷の皮膚は内部汚染の防護に対して非常に有効であり、（皮膚表面を）刺激したり弱めたりしないようにあらゆる注意を払うべきである。
>
> Procedures such as shaving or harsh scrubbing are not appropriate.
> 髭剃りやゴシゴシ擦ったりするような行為は適切ではない。
>
> ※カッコ書きは著者補足

　NBC災害関係の参考書は、海外の機関が発行する文書に重要なものが多くありますが、そのほとんどは和訳されていません。

　でも、初心者がいきなり英文資料に取り組むのは、ハードルが高いですよ。

　そうなんですが、例えば、上にご紹介した英文資料の中に頻繁に登場する**「contamination」とか「decontamination」という単語は、「汚染」と「除染」**のことです。
　それほど多く覚える必要はありませんが、英文の中で**重要な単語だけでも、その意味を知っていると、いろいろな会議や研究会などに参加したときに役立ち**ますよ。

　確かに、さっき私が質問したことの回答が書かれていますね。
Procedures such as shaving or harsh scrubbing are not appropriate.
髭剃りやゴシゴシ擦ったりするような行為は適切ではない。

　話は飛びますが、硫酸や硝酸などの強酸が皮膚に付いた場合、アルカリ性の液体で中和する方法はいかがでしょうか？

除染は、「薬品による中和」という方法を考えるべきではありません。
　傷病者の皮膚の表面で、薬品を用いて化学変化を起こさせる行為は危険ですので絶対に行ってはいけません。
　あくまでも「清潔な水又は微温水」を用います。
　医療の現場でも「大量の水による十分な洗浄」が基本だそうですよ。

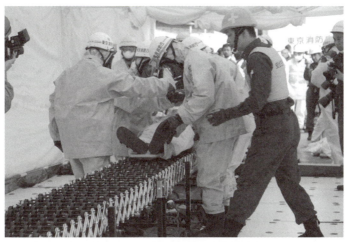

写真1　大型除染テント内の傷病者の水的除染活動（訓練）

6　除染で生じた汚染水の処理方法について

　分かりました。もう一つ質問です。
　洗浄した水は、どのように処理すればよいのでしょうか？

　救急車内で行った場合は、医療機関への早期搬送が優先しますから、そのまま垂れ流しで廃棄するしかありません。
　この現場で行った隊員の個人装備と資器材の除染で生じた汚染水は、このめっき工場に依頼して「産業廃棄物」として処理していただきます。

　でも先生。
　いろいろな場面で、この「汚染物質を含んだ除染水」の処理方法に迷っている方々がたくさんいらっしゃいます。
　本当に、**低濃度なら垂れ流しでよいのか？　汚染物質の濃度がどの程度以下であれば一般下水に廃棄できるのか？　明確な答えを求めています。**

　例えば、「サリン」を例に取ると、サリンに汚染された傷病者を水除染した場合、サリンは水によって加水分解しますから、除染水にサリンの毒性は残りません。
　もっと神経質に処理するならば、除染水に次亜塩素酸を含んだ家庭用漂白剤を少し

混ぜれば完全に分解して無害になります。

　今回の事例に登場するシアン化ナトリウムやシアン化カリウムは水で希釈しても分解しませんから、例えばTLV－TWAの許容濃度以下になるまで希釈するといった方法はいかがでしょうか？

　以前に、空港の整備工場で、微量のシアン化合物を含んだ液体が流出したという事故がありました。その時に出場途上の車の中から支援アドバイザーのK先生に電話を掛けて、「放水で汚染水を希釈して海に流してしまいたいんだがいかが？」と聴いたことがありました。

　覚えていますよ。
　その時、私はその車を運転していたじゃないですか！

　アレ？　そうだっけ？

　あの時、先生は電話口で「実験室じゃないんだから、現場でそんなことができるか！」と、どなっていたじゃないですか！
　K先生、なんて答えられたのですか？

　「汚染水を錯イオン状態にして流せ」とのことでした。
　K先生のおっしゃることは正しいんだけどねー。
　後でK先生にお目に掛かったとき、「あなたたちの気持ちは、十分に分かっているわよ」と、色っぽく微笑んでいらっしゃいました。

　汚染物質を含んだ除染水は、汚染者が数十人、数百人と増えれば、どんどんその量は多くなりますよね。
　貯めておいて、後で無害化処理することなんてできますかね。

　今回の事例のように、汚染物質が産業施設の事故に起因する場合は、その事業所の責任において産業廃棄物として処理していただく方法があります。
　原因物質が家庭用の洗剤や漂白剤なら、法律的にも大量水で希釈して一般下水道に廃棄することができます。
　プール水の殺菌用の次亜塩素酸ナトリウムであれば、その使い方はプールの水に溶かし込んだ中で利用者を泳がせるわけですから、理屈から考えても塩素ガスを発生させた液体を一般下水道に廃棄しても危険がないことになります。

そうすると、汚染されている除染水の量などの実態を考えて、個別判断するしか方法はないということですか？

ズバッと明快なお話ができないのが心残りではありますが、そのとおりです。

写真2　陸上自衛隊・化学防護隊による環境除染活動（訓練）

今までは、ポンプ隊や救助隊、救急隊の活動概要をご紹介いただきましたが、特殊災害部隊が2隊と研究室の研究員が出場していますよね。

それはこれからお話しします。

7 特殊災害部隊、ほかの活動

① H特殊災害部隊は、消防本部の特命で覚知から約15分後に出場し、出場指令から20分後に現場到着しました。
② 指揮本部長は、毒劇物の入っためっき槽が1階・3階の作業場、重油は4階にあるという情報に基づき、活動隊全員を一旦屋外に退避させた後、H特殊災害部隊長に対し、屋内の化学物質の検知活動を下命しました。
③ 指揮本部長は、救出した逃げ遅れ者に付着していた物質を特定する必要性を認め、特殊災害部隊の追加応援要請を行いました。
④ H特殊災害部隊の検知活動により、3階部分でドレーゲルガス検知管にシアン化ナトリウム、4階で水素イオン濃度（pH）の反応（➡弱酸性）がありました。
⑤ 応援要請から50分後に、応援特殊災害部隊が現場到着し、屋内の毒劇物検知活動と傷病

者の着衣に付着している物質の検知活動（**可搬式 FTIR**※を使用）を開始しました。

※可搬式FTIR：可搬式の小型赤外線分析装置で、商品名：HazMatIDと呼ばれる。

⑥ 指揮本部長は、さらに研究室員に対しても、付着物の詳細分析を下命し、現場では次のような結果を得ています。

- pH試験紙による測定結果：pH1（強酸性）
- ガステック社製検知管による測定結果：
  硝酸、フッ化水素酸➡振り切れによる測定不能（20ppm超）
  塩化水素、シアン化水素➡若干
- イオンクロマトグラフ測定結果：
  工場で使われているめっき液に含まれる多くのイオンを検出

⑦ 研究室員は、救助隊員の呼吸器面体の変色部分の試料、屋内階段1階部分で収去した廃液を研究室に持ち帰り、更に精密な分析を実施しました。
　その結果は次のとおりです。

- 面体に付着していた成分は、めっき液の廃液と推定され、面体の一部が変色した原因は廃液に含まれる腐食性の液体によるものと推測されること

この活動内容から読み取れることは、次のとおりです。
- **指揮本部長が、毒劇物に対する活動危険を「眼に見える化」したこと**
- **空気呼吸器の面体変色の原因と現場の危険性を明らかにしたこと**
- **傷病者の衣服の付着物を明らかにして、受け入れ医療機関への情報提供を可能にしたこと**
- **そのために、特殊災害部隊等の能力と機能を有効に活用したこと**

このような、
- 除染の専任部隊を指定して
- 屋内進入した隊員や使用資器材を放水で除染したり
- 簡易水槽を設置して、除染水を貯めたり
- 1階・3階のめっき槽を防水シートで覆ったり

という方法は、特殊災害部隊の助言によるものでしょうか？

　活動時系列で見る限りでは、確かにH特殊災害部隊が現場到着後に行われていますので、活動記録には書かれていませんが、特殊災害部隊長がそのような助言をしたのではないかと思います。

でも、「毒劇物の活動危険性」がある現場で、活動隊に一人の負傷者も出さずに活動したことは、すごいと思います。

　私もそう思います。
　この事例は、救助隊、ポンプ隊、救急隊、特殊災害部隊が、それぞれの持ち味を十分に発揮した活動でした。

　でも、チョット私にはまだ難しい内容でした。
　特に、英語を真面目に勉強してこなかったので、かなりハードルが高いです。

　NBC災害の参考書や資料は、日本人によるものがとても少ないのです。
　ところが、国際機関や米国の機関が発行した文書は、翻訳してみると**高度な内容をとてもやさしく書かれている**ものが多いのに驚きます。
　特にこれから活躍する若い消防職員の方々には、少しハードルの高い世界であっても、勇気を出して挑戦してみてほしいと思います。

第4話 公衆浴場（天然温泉）で発生した有毒ガス中毒事故（塩素ガス）

第4話で学習すること
- ☑ 家庭用漂白剤・除菌剤（塩素系）の主成分
- ☑ 初期活動要領（指揮隊、ポンプ隊、救急隊等）
- ☑ 特殊災害部隊の活用要領
- ☑ 塩素ガスの活動危険判断（塩素ガスの人体危険知識）
- ☑ 塩素ガス中毒による被災者の救助と重症度判断
- ☑ 危険排除活動移行後の活動

1 家庭用漂白剤（除菌剤）の主成分

イテテテテ……。（荒れた手のひらをこすりながら）

どうしたんですか？　随分、手が荒れてますね！
オヤ？　血もにじんでいるじゃないですか。

昨日の週休日に、久しぶりに家の中の掃除をしたんですが、トイレと風呂と台所の掃除に漂白剤を使ったのです。

漂白剤を使うときは、素手で使わずにプラスチック手袋をしないとダメですよ。

漂白剤を入れたバケツで雑巾を絞っているときはヌルヌルしていたんですけどね。

それは、漂白剤に含まれる成分が、皮膚表面のたんぱく質を溶かしてしまったからですよ。
保湿成分を含んだ手荒れ用のクリームをよく擦り込んでおきなさい。

ところで先生！　今日のお題は何ですか？

ちょうど漂白剤の話が出たので、今日は塩素ガス中毒の話をしましょうか？

漂白剤と塩素ガスって、どういう関係があるのですか？

家庭用の漂白剤や除菌剤として市販されている商品をよく見てごらんなさい。主成分は何が使われていますか？

私の家で使っている漂白剤は2種類あるんです。
　一つは「まぜるな危険」と大きく注意書きがあって、主成分は「次亜塩素酸ナトリウム」と「水酸化ナトリウム」「界面活性剤」と書かれているものです。
　もう一方は、漂白剤の成分が「過酸化水素」と書かれていて、そのほかは界面活性剤が主な成分のようです。

今回の話は、「まぜるな危険」と大きく書かれた製品の方です。
　「まぜるな危険」とか「塩素系」という表示がある製品は、塩素を含んでおり、家庭用洗剤として流通している塩素系製品のほとんどは、主成分に次亜塩素酸ナトリウムが使われています。

そもそも、「まぜるな危険」って、どういう意味なんでしょう？

想像してみてください！
　新宿の街角で一匹の獲物を狙った、飢えたトラとライオンが鉢合わせした状態を……。

エッーーーッ!!
ち、ちょっと分かりづらいというか？

きっと、繁華街の街角は、阿鼻叫喚、てんやわんやの大騒ぎになるでしょう？

そ、そうでしょうか？

「まぜるな危険」と表示された洗剤に、他の洗剤を混ぜると、平和な家庭内でそういう騒ぎが起こるリスクが高いという意味です。

　も、もう少し具体的な説明を……。

　塩素系の家庭用洗剤には、漂白剤、トイレ用洗剤、カビ取り剤などがあって、ほとんどの製品には6％以下の次亜塩素酸ナトリウムと1％以下の水酸化ナトリウムを含んでいます。液体全体としてpH11～13.5の強いアルカリ性になっていることが特徴です。

参考資料：波多野弥生ほか　「次亜塩素酸ナトリウム含有家庭用洗浄剤による経口摂取事故の重篤度に関する検討」　中毒研究　一般社団法人日本中毒学会　Vol.13 No.1　41～48頁　2000
公益財団法人　日本中毒情報センター　医師向け中毒情報　【塩素】Vol.1.06

　ああ、それでひどい手荒れを起こしたんですね！
　でもなぜ、そんな強いアルカリ性にするんでしょう？　ご丁寧に水酸化ナトリウムまで入っていますよね？

　次亜塩素酸ナトリウムは不安定な薬剤で、pHが11以下になると塩素ガスが発生してしまうので、少量の水酸化ナトリウムを添加してpH12程度に安定させているのです。

　「まぜるな危険」と書かれる理由は、どのような危険があるからでしょうか？

　家庭用洗剤には、強い酸性の液体（塩酸など）を含んだトイレのパイプ洗浄剤のような製品も流通しています。
　次亜塩素酸ナトリウムを含んだ塩素系の洗剤と、酸性の洗剤を一緒に使うと、両方の液が混ざって塩素ガスが発生し、狭いトイレや風呂場などに高濃度の塩素ガスが滞留することがあるので、それによる死亡事故が発生しているのです。

だから、塩素系の洗剤には、難しい理屈は抜きにして「他の洗剤と混ぜてはいけない」と大きく表示したわけですね？※

※「まぜるな危険」の表示義務
　➡家庭用品品質表示法➡経済産業省・雑貨工業品品質表示規程・第2条➡別表第2➡四➡（十）イ➡まぜるな危険

　つまり、塩素ガスは、家庭用品販売店やコンビニで、**いつでも誰でも簡単に手に入る家庭用洗剤の使い方を間違っただけで、死亡事故につながるほどの強い人体毒性を持っている**ということです。

　塩素ガス中毒事故は、その製造工場のような特別な場所だけにある危険ではなく、家庭内のごく普通の日常生活の中で起こり得る身近な事故だとおっしゃるのですね？

　そうそう！　そのとおり。
　今は、塩素系の漂白剤や洗浄剤は、次亜塩素酸ナトリウムを使いますが、昔から使われてきた物質に「次亜塩素酸カルシウム」という粉末の漂白剤があり、一般的に「さらし粉」と呼ばれています。

　家庭用洗剤以外で、身近なところで使われている塩素系の薬品にはどのようなモノがあるでしょうか？

　ごく身近なところでは、水道水に含まれる滅菌剤も次亜塩素酸ナトリウムです。
　また、学校やスポーツジム、公共のプールや公衆浴場でも次亜塩素酸ナトリウムが使われています。
　スーパーマーケットで売られているカット野菜などの加工食品も、塩素系の滅菌剤が使われていますね。

　私は、最近スーパーで売られている「カット野菜」や「もやし」が以前ほどおいしくなくなっていると感じています。特に最近の「もやし」は味も素っ気もありません。
　滅菌した野菜は、ハッキリ言って「まずい」です。

　食の安全性を優先するとそのようなことも起こり得るでしょうね。
　特に「もやし」は収穫後にサルモネラ菌などの細菌が繁殖したりすることがあるので、滅菌して販売されることが普通になっているのでしょうかね？

　今先生がおっしゃった施設でも、塩素中毒事故が起こり得るのですね。

実際に、私たちもプールで起きた塩素ガス事故で活動しましたよね。
　特に、プールの水質管理は、滅菌剤であるアルカリ性の次亜塩素酸ナトリウムの6％溶液と、汚れの固形成分を取り除くための凝集剤に酸性のポリ塩化アルミニウムですから、この2液の専用タンクが備え付けてあります。
　そこでどういうことが起こるかを想像してみてください。

　ははあ！　ありましたね。
　本来入れるべき溶液を、間違って逆に入れてしまった事故でしたよね。

　そうでした。
　先ほどお話ししたように、次亜塩素酸ナトリウムをpH11以下にすると塩素ガスが発生するようになりますから、そのタンクに間違って酸性のポリ塩化アルミニウムを入れたため、勢いよく塩素ガスが発生して、プールの機械室やプール内に塩素ガスが侵入してしまいました。

　その事故の概要についておさらいしましょうよ！

　俄然、やる気を起こしましたね！

2 災害の概要

- 覚知日時：12月19日（火）　8時18分の119通報
- 発生場所：M区N町1丁目2番10号　天然温泉（公衆浴場）
- 通報内容：天然温泉施設の機械室内で塩素ガスが発生し、傷病者3名
- 指令内容：危険排除。塩素ガスによる傷病者3名（結果としては8名➡全員軽症）
- 災害概要：
    ① 災害発生施設は、24時間営業の公衆浴場で、次亜塩素酸ナトリウム（滅菌）とポリ塩化アルミニウム（汚れの凝集）を使って水質管理を行っていた。
    ② 施設の地下3階にあるポンプ機械室には、次亜塩素酸ナトリウムを注入するタンクAと、ポリ塩化アルミニウムを注入するタンクBが並べて設置されていた。
    ③ 7時30分頃、当時勤務していた従業員が、タンクBに次亜塩素酸ナトリウムを注入したため、タンクBから泡状の塩素ガスが大量に発生してあふれ出し、塩素ガスを吸入して受傷した。
- 出　場　隊：ポンプ隊2隊（A中隊）、指揮隊1隊、救急隊2隊、特殊災害部隊6隊（1中隊＋救助機動部隊）
- 追加特命出場隊：救急隊3隊、指揮隊4隊

この災害は、日本を代表する繁華街のすぐ近くで起きました。

外国人もたくさん集まる街ですね。

この消防活動は、最先到着した所轄の部隊による初期対応（覚知から4分後）と、すぐ近くにある特殊災害部隊の活動（覚知から8分後）、さらに特殊災害対応装備を持った機動部隊を加えた活動で組み立てられました。
消防活動の流れを追ってみましょう。

最先到着隊（所轄部隊）の活動

① 指揮本部長は、出場部隊に対し、「毒劇物防護衣と空気呼吸器の着装」の途上命令を発すると同時に、部隊の集結場所に「指令番地の東側にある大きな交差点」を指定しましたが、指令番地付近の地理条件が良かったため、直後に集結場所を「指令番地直近の国道上」に変更しました。

② 最先到着の所轄中隊は、指令番地の建物入口付近で傷病者3名と接触し、同時に建物を中心に消防隊部署位置後方に消防警戒区域を設定しています。
③ 傷病者3名は自力歩行が可能であり、直ちに所轄救急隊が対応しました。
④ この頃には、直近の特殊災害部隊が現場到着し、活動を開始しています。
⑤ 所轄中隊は、警戒用ホースラインを1線、建物入口まで延長し、マルチガス測定器とドレーゲルガス検知管で環境測定の準備に掛かっています。
⑥ 所轄指揮隊は、建物の1階にある駐車場に指揮本部を設置しました。
⑦ 消防隊到着時、来客は33名いましたが、全員自力で屋外に避難していました。
⑧ 活動開始から20分後、後着した機動部隊は所轄中隊の協力を得て、被災者と消防隊員の除染準備を開始しています。
⑨ この時点で、機動部隊長と特殊災害部隊長の進言で、地下3階に毒劇物危険区域が設定され、所轄ポンプ隊1隊が毒劇物防護衣を着装の上、安全管理と建物内部への進入管理を開始しました。
⑩ また、傷病者（8名）の救護が完了したため、機動部隊長及び特殊災害部隊長の進言により、活動方針が危険排除に変更され、塩素発生源の処理、地下3階部分の強制換気、換気実施に伴う排気口の監視警戒測定班の配置を行っています。
⑪ 危険排除活動移行約1時間後、建物内部の塩素の測定結果が0ppmとなり、危険排除活動も終了することとし、機動部隊長は指揮本部長に対し部隊の縮小と施設責任者への説示を助言して活動を終息に導きました。

直近特殊災害部隊の活動

① 特殊災害部隊が現場到着した時、現場では所轄中隊が黄色テープで消防警戒区域の設定を行っていました。
② 特殊災害部隊長（以下「隊長」という。）は、直ちに指揮本部に直行して指揮本部長と接触し指揮下に入ります。その時の指揮本部長は、所轄の副署隊長に変更されていました。
③ 隊長は指揮本部長から、「塩素濃度の測定及び建物内部の危険性の確認」を受命しました。
④ この時、指揮本部長から次のようなことを指示されています。
　　指揮隊と警察官が既に内部を確認しており、塩素ガスが発生したタンクには蓋がされ、これ以上の塩素ガスの拡散危険がないので、建物内部の活動は空気呼吸器の面体着装の必要性がない。ただし、空気呼吸器は着装し、バックアップ要員として毒劇物防護衣着装隊員を待機させる。
⑤ 隊長は、1階エレベーター付近にいた警察官の情報から「事故原因は、次亜塩素酸ナト

リウムとポリ塩化アルミニウムと判断し、ポンプ室の状況を確認すれば原因の特定が可能であることを指揮本部長に報告しました。

⑥　特殊災害部隊員が地下3階のエレベーターホール前から、機械室方向に移動する途中で、若干の塩素臭を確認したため、隊長は空気呼吸器の面体着装を下命し、環境測定を実施するよう指示しました。

⑦　地下3階進入5分後に、機械室横で次亜塩素酸ナトリウムを誤って注入したと思われる塩素ガス発生源を発見し、この時点で到着した機動部隊と合流して、その付近の測定を実施したところ、タンクの蓋周囲で塩素1ppm、機械室内で0.2ppmを検知しています。

⑧　機械室内に空気呼吸器の面体未着装でいた指揮本部長、指揮隊員に対し、直ちに廊下部分に脱出するよう進言し、塩素の許容濃度が1ppmであることを説明して、地下3階の活動隊に空気呼吸器の面体着装をさせるよう説得しています。
（この時、指揮本部長は、「危険性なし」を力説して譲らなかったのですが、隊長は塩素ガスの人体毒性を根気よく説明して理解を得ています。）

3　C災害現場における初期対応活動

　　この災害が起こった頃、この消防本部では全部隊に対して定期的なNBC災害対応の初期対応訓練を行う体制を敷いていました。指揮本部長を中心とする所轄部隊の初期対応は、その成果が現れているように思います。

　　それは、どのような部分ですか？

　　まず、指揮本部長が、早々に防護装備の着装による出場と、出場部隊の集結場所を指定して、出場隊が不用意に指令番地に接近し過ぎて受傷するリスクを回避しています。
　　次に、所轄の中隊が水の乗った警戒用のホースラインを延長しています。
　　これは、特殊災害用の装備を持たない部隊がC災害現場に最先到着した場合に行うように教育された内容に合致します。

　　この時の所轄部隊は、C災害対応の基本に忠実な活動を開始したわけですね？

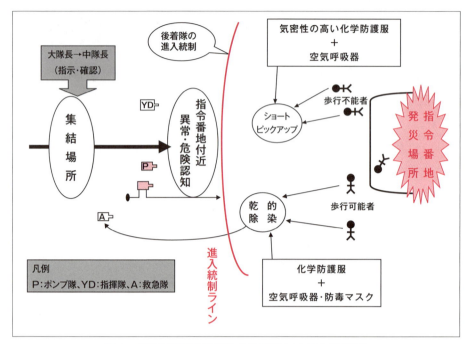

図1　NBC 専門部隊以外の先着隊による初期対応

「進入統制ライン」：現場指揮者が五感と測定器によって「具体的な危険」を判断した場所に設定する。

「ショートピックアップ」：要救助者を発見した場合に、曝露及び汚染危険のある場所から一時的に危険の低い場所へ移動し、曝露及び汚染危険の軽減を図ること。

出典：全国消防長会（編）　『実戦 NBC 災害消防活動―災害事例に見る活動の実際』　5訂版　一般財団法人全国消防協会・東京法令出版　2024

　そうです。
　この頃、C 災害の情報が含まれる災害に出場する部隊は、現場に到着しても、現場付近に待機したままなかなか救助活動に着手しないで特殊災害部隊の到着を待つことが多かったのです。
　ところが、この事例では早期に化学災害の活動体制が構築されました。
　ただし、進入統制ラインの設定が遅れてしまいました。

　そうか！
　119通報で現場には有毒な塩素ガスによる傷病者の情報があったわけですから、当然、進入統制ラインは真っ先に設定されなければなりませんね。

　「進入統制ライン」の目的は何ですか？

　NBC 災害に対応する装備や、専門教育された隊員が存在しない部隊が最先到着した時に、不用意に現場に接近して有害物質による受傷を回避させるために設定するラインです。

そうでしたね。
　この進入統制ラインは、測定器による測定結果を根拠に設定する「ゾーニングのライン」ではなく、現場に人が倒れていたり、異臭がしたりする場合に、一旦部隊の前進を止めて設定する、暫定的な統制ラインです。

この現場で「進入統制ライン」を設定するとしたら、どこに設定すべきでしょうか？

塩素ガスの漏洩拡散範囲にもよりますが、この時は建物周囲の屋外で塩素の臭気がありませんでしたので、建物の出入り口に設定するのが適当でしょう。

すると、初期活動するために公衆浴場の内部に進入する隊は、毒劇物防護衣を着装し、空気呼吸器の面体を着装するように統制すればよいのですね？

塩素ガスの人体毒性を考慮すれば、初期活動時にはそのように対応すれば、隊員が塩素ガスに曝露するリスクは避けられます。

活動記録を見ると、所轄部隊が到着した時点で、既に警察官が先に到着しており、建物内部では施設関係者を含めて警察官も防護装備を身に着けずに何の障害もなく行動しています。
　このような状況でも、進入統制ラインの設定と、防護装備着装の統制が必要でしょうか？

それは、**原因物質が「塩素ガス」と判明しており、さらに塩素ガスによる中毒症状を示す傷病者が複数存在することが関係**します。
　少し現場活動の話を離れて、塩素ガスを吸入したときの人体影響の資料を見てみましょう。

4 塩素ガスの人体影響と重症度判断

 C災害現場の活動では、この事例のように初めから原因物質が判明していることは稀なのですが、分かっていれば、**安全管理だけではなく傷病者の重症度判断や搬送医療機関選定の判断にも大きく影響します。**

- 塩素の毒性
  ① 強い粘膜刺激作用
  ② 臭い閾値：3.5ppm
  ③ 許容濃度：0.5ppm（TLV－TWA）（日本産業衛生学会・許容濃度の勧告）
  ④ 曝露濃度と中毒作用

曝露濃度 （ppm）	中　毒　作　用
0.2～3.5	臭いを感ずるが、耐性が生じて臭気を感じなくなる
1～3	軽度の粘膜刺激性あり、1時間以内に耐性が生じる
5～15	上気道に中程度の刺激性あり
30	吸入直後に胸痛、嘔吐、呼吸困難、咳
40～60	肺炎、肺水腫
430	30分以内で致死的
1,000	数分以内で致死的

- 塩素の中毒学的薬理作用
  ① 吸入、経口摂取により強い粘膜刺激作用、高濃度では粘膜腐食作用
  ② 生体の水分に触れると、活性酸素と塩酸を生じる。
  ③ 活性酸素は強い酸化作用があるため組織障害を起こし、次いで、酸による刺激を引き起こす。

- 塩素による中毒症状
  ① **呼吸器系症状は曝露直後～数時間以内に発現する。気道刺激が強い場合は肺水腫になることがあり、曝露後24時間以内又は24時間～72時間後に遅れて発症することがある。**
  ② 家庭用洗浄剤併用により発生した塩素ガスによる急性曝露では、一般的に咳、流涙、胸部灼熱感、結膜炎、頻脈を引き起こし、嘔吐、発汗、頭痛を示すことがある。
  ③ 塩素ガス曝露により、眼、鼻、口の灼熱感、流涙、鼻漏、悪心・嘔吐、頭痛、眩暈、失神、皮膚炎を生じる。咳、窒息、胸骨下痛、低酸素血症、肺炎、気管支痙攣、肺水腫

が起きることもある。気管支肺炎、呼吸器系虚脱は致死的合併症である。
④ 軽度曝露では、肺の異常を残すことはほとんどないが、中等度・重度の曝露では、しばしば後遺症として長期的な肺機能障害が残る。低酸素血症が続く場合、致死率が高い。

公益財団法人日本中毒情報センターホームページ　医師向け情報より抜粋

　この資料は、公益財団法人日本中毒情報センターが、主に医療機関のスタッフ向けに公表しているものの抜粋です。
　許容濃度に関する記述は、米国産業衛生専門家会議や日本産業衛生学会が勧告する資料から抜粋したものです。

　この資料から、塩素ガスを吸入したとき、気道の粘膜にある水分に塩素ガスが触れると、組織に大きな影響を及ぼすことが読み取れますね。

　さらに、塩素による中毒症状の①（p.46参照）部分を見てください。
　塩素ガスによる人体影響の表れ方は、曝露直後の刺激だけではなく、何時間も経過した後に表れる場合があることを示唆しています。

　活動初期に空気呼吸器の面体を着装せずに活動すると、その時は症状を感じなくても、後から中毒症状が出ることがあって、重症だと肺水腫を起こしてしまうリスクがあるということですか？

　そうです。
　この資料と、直近の特殊災害部隊長の活動内容を照らし合わせてみてください。
　特殊災害部隊長が当初の指揮本部長の判断を修正するように説得している部分があります。

　⑧（p.43参照）の部分ですね？

　この隊長は、塩素ガスの人体影響について学習しており、深い知識を持っている方であったと推測できます。

　なるほど！　感動しちゃうなあ！
　でも、階級的に下である隊長の進言を受け入れて活動方針を修正された指揮本部長も冷静で心の広い方のように思いますけど。
　中には自分の方針を否定されると、階級を笠に着て高圧的になる上司も結構いますよ。

48 第4話 公衆浴場（天然温泉）で発生した有毒ガス中毒事故（塩素ガス）

　この事例の活動では、この隊長と指揮本部長のヤリトリが、消防活動全体を正しい方向に導いたターニングポイントだと思いますよ。

　これこそ真の上司の補佐と指揮本部長の見本のような指揮ぶりですね。私にはまだこんな力はありません。

　そうですね!!

　先生!!　さりげなく私を刺しましたね！
　ヨーシ！　今日は先生の大好きな鎌倉にあるT屋さんの「サブレー」をお土産に持ってきたけど、もうあげない！

　どうです？　そろそろお茶休憩にしませんか？
　おいしいお茶菓子もあることですし!!

　先生、私の話、聞こえてます??

　「サブレー」を持ってきてくれたんでしょ？
　最近、物忘れがひどくなりましてねえー！

　都合の良いお耳を持たれて、オメデトウゴザイマース、だ!!
　ところで、先生は先ほど「塩素ガス吸入時の人体影響の知識があると、重症度判断や病院選定の判断に生かせる」とおっしゃいましたよね？

　例えば傷病者に接触した当初は無症状であっても、「遅れて症状が出る可能性」の部分を発展的に考えると、初期の重症度判断では予測できない症状悪化が起こる可能性に気が付きます。

　と、いうことは、先生がおっしゃりたいのは、「C災害現場で有害ガスを吸入した傷病者の重症度は、少しオーバートリアージ気味に判断することもあり得る」ということですね？

　特に、原因物質が塩素に限らず、臭素やフッ素化合物などのハロゲン化物は人体に激しい影響を与える物質が多いですから、そのような判断もあり得ると思います。

5 C災害現場における救出時の注意点と救急搬送

　C災害現場で要救助者を救助・救護する場合に、通常の救助時と最も違う点は何でしょうか？

　C災害に限らず、N災害現場でも同じですが、**要救助者を1秒でも早く中毒危険のないクリアな場所（毒劇物危険区域の外）に移動すること**です。
　高濃度の有害物質が漂う場所や、放射線量の高い場所に、いつまでも要救助者を放置すると、悪化しますし、被ばく線量も多くなってしまいます。

　ああ、思い出しました。
　元同僚のYさんが提案した「ショート・ピックアップ」の考え方ですね。
　Yさんは、「有害な環境から1分でも1秒でも早く遠ざける」「放射線源から1m離すこと」で重症度や予後が大きく変わるはずだとおっしゃっていました。

50　第4話　公衆浴場（天然温泉）で発生した有毒ガス中毒事故（塩素ガス）

傷病者を医療機関に搬送するときの注意点について教えていただけませんか？
この現場で救護した傷病者は、そのまま車内収容してよいでしょうか？

この事故は12月の寒い時期に起きていますので、傷病者の衣服が汗で湿っていることは考えにくいですが、塩素ガスは水に溶けますので一番外側に着ている服だけ脱衣させて（乾的除染）保温しながら搬送した方がよいでしょう。

先着隊の初期活動における乾的除染の手順

「乾的除染」とは、負傷程度の悪化防止や汚染拡大防止を目的として、有害物質が付着した要救助者等の衣服を脱衣することで有害物質を除去する方法であり、初期活動時での手順は以下のとおりとする。

なお、液状の有害物質による汚染が目視で確認できる場合は水的除染の対象であるが、その場合もまず速やかに乾的除染を行うとともに、汚染の程度が小さい場合、また、要救助者の状態から速やかな搬送が必要な場合には、清拭と部分的な洗浄を実施して搬送する。

○　乾的除染を行う場所は進入統制ラインの危険側とし、対話可能な要救助者、関係者等に対しては、説明をした上で実施する。

○　関係者、要救助者等が自分で衣服の交換ができる場合は本人が行い、実施後は手を洗わせる。消防隊が実施し、若しくは手伝う場合には、化学防護服及び空気呼吸器により身体防護措置を講じた隊員が対応する。

○　乾的除染は、関係者、要救助者等の外側の衣服を脱衣させる。内側の衣服まで汚染している場合は、汚染している衣服を脱衣させる。また、頭部・四肢の露出部等の汚染が疑われる場合等には、必要に応じてタオル等により拭き取り又は部分的な洗浄を行う。

○　状況により毛布等を活用して保温に配慮する。脱衣した衣服はビニール袋に入れてガムテープ等で密封する。

○　乾的除染用簡易テント等の活用、また脱衣後に要救助者用簡易服等を着装させるなどして、プライバシー保護に配慮する。

出典：全国消防長会（編）　『実戦NBC災害消防活動―災害事例に見る活動の実際』　5訂版　一般財団法人全国消防協会・東京法令出版　2024

硫化水素事故現場の傷病者のときは、搬送先のドクターから「除染は済んでいるのか」と聞かれたことが度々ありました。

ドクターの中には、病院の入口の前で「特殊災害部隊を呼んで、患者の体を測定してからでないと、受入れはできない」と、頑強に言い張る人もいますよ。

ソウだとすると、嘘でも「除染済です」と言って受け入れてもらっちゃうこともアリでしょうかね？

　「嘘でも」と言うと語弊がありますけど、受入れ医療機関で傷病者を医師に引き継ぐ際には、「原因物質が塩素ガスであること」「事故現場で測定した塩素濃度」「傷病者が塩素ガスに曝露していたおおよその時間」「除染が完了していること」などを申し送ると、受入れがスムーズになります。

　現に、救急隊員は傷病者を狭い救急車の中で観察しながら搬送してきているのですから、二次的な曝露危険なんかないに決まっているじゃないですかねーだ。

　組織が違うと、考え方も様々でしょう。

6　危険排除活動と活動の終了

　NBC災害が他の災害と違う点の二つ目は、現場にある有害物質を処理すること、つまり原因物質の入った容器や廃液を別な場所に移動したり、危険性を無効にするための「危険排除活動」です。
　要救助者の救助や、傷病者の救護が完了した時点で、活動方針を危険排除活動に切り替えます。
　具体的には、活動している全部隊の隊長を指揮本部に招集して、活動方針の変更を下命し、指令管制本部にも「活動方針の変更」と「変更時刻」を報告し、指令管制から無線による一斉指令で情報の共有を図ってもらいます。

　現場に残った塩素ガスの発生源になっているタンク内の液体はどのように処理すればよいですか？

　この場合は次亜塩素酸ナトリウム液もポリ塩化アルミニウム液も産業用の薬剤ですから、施設関係者に依頼して産業廃棄物として処理させるべきですが、ポンプ室の床にこぼれた混合液は、消防隊が放水で希釈して下水道に流してもよいでしょう。

　事故現場が一般家庭で、原因物質が家庭用洗剤の場合はどうするのでしょうか？

家庭用洗剤の場合は、大量の水で希釈しながら公共下水道に流してしまって構いません。

地下3階のポンプ室内の換気は、排煙高発泡車を呼んで強制換気しますか？

排煙高発泡車だと風量が大きいので短時間に換気できますが、大量の塩素ガスが地下に滞留していると、排出口から塩素臭のする排気が広がって、近隣や歩行者から苦情が出たり、新たな救急要請が出たりする危険があります。
　塩素ガスは空気よりも比重が大きいので、地下3階の換気扇を回して時間を掛けて換気する方がよいでしょう。

危険排除活動が終わった後は、所轄指揮隊の方針のとおり、毒劇物危険区域の解除と部隊の縮小で、活動終了ですね。

有毒ガスの事故現場ですから、全部隊の隊長に対して、それぞれの隊員の健康状態をチェックさせることも重要ですよ。
　しかも、小隊ごとにチマチマやるのではなく、指揮本部長命令として行い、指揮本部長が各隊長から結果報告を受けるところまでキッチリする必要があります。

ああ、なるほど。
やっぱり、先生は行き届いているなあ。

7　他機関の方々とのコミュニケーションの大切さ

指揮者がややこしい災害現場に直面して、適切な判断や現場管理をするためには、頭の中の引き出しに「判断の材料となる選択肢」を持つことが必要だと思います。
　どんなに頭がよい人でも、何も材料を持たない状態から天才的なひらめきで活動方針を組み立てるなどということは不可能です。

NBC災害を経験する頻度を考えると、災害経験を積むという手段ではなかなか難しいと思うのですが、どうすればその「判断材料の選択肢」を持てるようになるのですか？

過去の災害事例を詳しく研究して、「その事例に直面したら、自分ならどうするか」「自分ならこうする」といったイメージを描くことが近道だと思いますよ。

災害時系列の内容だけではなく、原因物質の情報を集めたり、自分なりに整理した情報を他の人と議論したりすると、より材料の範囲が広がります。

先生は、いろいろな機関の先生方と頻繁に会って情報交換していらっしゃいますが、そういった機会を得るにはどうすればよいのでしょうか？

いろいろな機関が事業として行っている、消防や警察職員向けの**研修会や講習会に参加したり、自分の仕事関連の学会（例えば救急関係の学会）に参加して、そのチャンスを作る**のが一番の近道だと思います。

多くの先生方は、大抵の場合共通の学会に所属していらっしゃいますし、先生方が一番欲しがっている情報は「災害現場の情報」です。その辺りを切り口にして情報交換のチャンスを積極的に作ると、新たな世界が広がることが多いと思います。

肝心なことは、飲み会での話題ですね。

やはり、「餅は餅屋」で、その方の専門分野については深い知識と思想をお持ちですから、教わる内容の資料を読むよりも、酒の席で胸襟を開いて自由に議論すると理解の幅と深さが断然違いますよ。

先生の側から、学者先生に教えることなんてあるんですか？

学者先生に有益と感じていただけることは、災害現場で実際に活動した内容や、その時の情報でどう判断したのかといった災害現場の中の情報ですね。

例えば、議論の中では「ゾーニング」なんて簡単にいいますけど、実際に本物の災害現場でゾーンを設定した経験を持っている方はほとんどいらっしゃらないので、その経験談には真剣に耳を傾けてくださいますよ。

第5話 一酸化炭素中毒事故

第5話で学習すること
- ☑ 有毒ガス中毒が疑われる傷病者は、直ちに新鮮な空気のある場所に移動する
- ☑ 一酸化炭素(以下「COガス」という。)中毒の知識
- ☑ 危険排除は室内の換気と環境測定
- ☑ ビルの下階でCOガスによる事故が起こったときは、その上階の安否確認と環境測定が必須
- ☑ 現場に傷病者や逃げ遅れがある場合は、内部進入は空気呼吸器&毒劇物防護衣を着装し、手持ちの測定器を活用して環境測定を行いながら活動する
- ☑ 原因物質がCOガス(皮膚吸収や皮膚にダメージを与えない物質)と判明した以降は、毒劇物防護衣は離脱し、空気呼吸器の着装のみで活動する(夏季は熱中症や脱水の予防のため)

1 COガスによる事故の原因

　私が経験してきたNBC災害の中で、件数的に最も多かったのは有毒ガスによる意識障害や死亡事故ですが、その中でも頻繁に対応したのはCOガスが原因の災害です。

　COガスによる災害って、例えばどのような経緯で起こるのですか?

　私が現場で扱った災害や資料で知った事故だけを見ても、COガス中毒による事故は次のような原因で起こっています。

- 飲食店の従業員が深夜に帰宅し、都市ガス給湯器で風呂にお湯を張ろうとしたまま寝込んでしまい、換気用の煙道の構造が不適切で給湯器が不完全燃焼を起こした。
- 真夏の暑い時期に冷房が効かなくなるという理由で、換気扇を止めたまま業務用の容量の大きいパン焼き用のガスオーブンを使った。
- 地階の居酒屋の厨房で、換気扇を止めたままガスレンジを使った。
- 換気が不十分な焼き鳥屋で、炭火を使って調理した。
- ビルのリニューアル工事現場でコンクリートの斫りを行うために、室内でガソリン燃料

の発動発電機を長時間運転した。
- 一般住宅の半地下車庫内で、居住者が車庫の扉を閉め切った状態で車のエンジンを掛け、昼寝をしてしまった。
- 大雪の日に子どもと一緒に近所の食料品店に車で買い物に出掛けた主婦が、子どもを車内に置いてエンジンを掛けたまま買い物をして戻ったら、車が雪で埋まっており、車内の子どもが意識障害を起こしていた（札幌市の事例）。

 これら事例は、いずれも「換気が不十分な場所で長時間燃焼器具を使った」という共通点がありますね。

 よく気が付きましたね！
しかし、それぞれの事例を詳細に調べると、例えば同じ居酒屋のカウンター席で飲んでいたお客さんが、1名はグラスを手にしたまま心肺停止状態になっているのに、その隣の席で飲んでいたお客さんは全く無症状だったことがあります。

 じゃあ、「換気が悪い場所」と一口にいっても、場所によって危険な場所とそうでない場所が混在するのでしょうか？

 日本中毒情報センターがホームページで公表しているCOガス中毒の資料によれば、COガス中毒の症状が発現するのは、その場所の「COガス濃度」と「曝露した時間」に左右されるという記述があります。
意識障害を起こしたり心肺停止状態になったお客さんが、「その場所で何時間飲んでいたか」にもよるのかもしれません。
また、工業用途で使用される非常に高濃度のガスが配管から漏洩するような状況ですと、屋外の風通しの良い場所であっても一瞬にして意識障害を起こすような事故事例も報告されています。
これから、COガス災害の事例をいくつか紹介しながら、お話をしましょう。

2 炭火焼き居酒屋の事故

事例1　炭火焼き居酒屋の事故

事故概要1

- 発生日時：7月30日　18時30分（覚知）救急要請
- 発生場所：3階建てビルの1階にある居酒屋
- ビル全体の用途：ビルの2階、3階はワンルーム形式のマンション
- 通報内容：酸欠で意識が朦朧としているお客さんが2名いる
- 出場隊：救急隊1隊、指令管制室判断による特殊災害部隊1隊、指揮隊1隊
- 傷病者数：重症2名、中等症2名、軽症4名

出場隊は救急1隊だけだったのですか？

当初は急病による救急出場でした。
この事例は、出場隊や消防本部の指令管制担当者の対応が適切だった事故です。
救急隊が現場に到着してみると、**現場は窓もドアも締め切った状態で冷房を効かせた店で、2名の男性客が小上がりの畳の上に寝かされており、そのほかにも頭痛や吐き気、意識障害を訴えるお客さんや従業員が数名**いました。

救急1隊では対応が難しいですね。応援要請をしたのでしょうか？

この時、救急隊長は店の中の状態を素早く観察しました。
それによると、
① **カウンターの中では炭火で食材を焼いていた。**
② **換気扇が止めてあった。**
そのため、店長に対して次のようなことを大至急実施せよと指示しました。
③ **換気扇を回して**
④ **全てのドア、窓を開放し**
⑤ **自分で動けるお客さんは全員外に出る**
⑥ **救急隊員にも傷病者を外に誘導するよう下命**
応援要請をしたのはその後です。

救急隊長さんは、店の中にいては危険だと判断したのでしょうか？

 そうです。
この救急隊長に後で話を聴かせていただいたのですが、「店の中は冷房が効いていて涼しかったけれど、何かムッとする嫌な空気が漂っていると感じた」そうです。

 救急隊長さんは、NBC 災害の研修を受けた方だったのですか？

 いいえ、「そうではない」とのことでした。
消防本部への応援要請は、傷病者が複数だったので、救急隊の増強を依頼したとのことでしたが、同時に店の中の状況を詳しく報告したそうです。
結果として、それが功を奏しました。

 それはどういう意味でしょうか？

 消防本部の指令管制員は、救急隊長が報告した現場の店の中の状況を聴いて、救急隊3隊の他に、特殊災害部隊を2隊、指揮隊1隊を応援出場させました。

 指令管制員は、なぜ、特殊災害部隊を出場させたのでしょうか？

それも、指令管制室で聴いたのですが、救急隊長の現場報告の中に、119通報の中で「酸欠で意識が朦朧としている」という内容があり、救急隊の観察結果に「同じような症状を呈する、複数の傷病者がいたこと」が含まれていたため、「現場には何らかの有毒ガスが存在する可能性がある」と判断した、とのことでした。

　そうすると、指揮隊が現場に到着する前の段階で、傷病者の救護、他のお客さんの避難誘導、店の中の換気を済ませてしまったのですか？

　そうです。
　先ほど、「出場隊や指令管制員の対応が適切だった」と言ったのは、このことです。重症者は従業員の2名で、この二人は厨房で長時間炭火焼を作っていました。
　他のお客さんは比較的軽症でしたが、症状の顕著な人は入院させたそうです。入院したのは従業員2名と、長時間この店で飲んでいたお客さん2名の合計4名でした。

　救急隊だけが現場に出場している間に、全ての在店者が既に屋外に出ており、店内の換気も終わっていたとすると、特殊災害部隊の活動は、どのような内容だったのでしょうか？

　まず、店内を毒劇物危険区域として設定し、店内の環境測定を行っています。
　連続観測を継続して店内のCOガス濃度の低下をモニターし、TLV－TWAの許容濃度未満となった時点で危険区域の解除可能を指揮本部長に報告しました。
　特殊災害部隊が現場に到着したのが、応援要請から約20分後ですが、その時点で店内の酸素濃度は20％以上で正常でしたが、厨房付近のCOガス濃度は、まだ1,000ppmを超えていたそうです。

　COガスの濃度が1,000ppm以上というのは、人体にどのような影響を与える環境だったのでしょうか？

　そこがこの事例の核心です。
　次の表を見てください。

1時間程度の曝露による人体影響
600～700 ppmから酸素不足による症状が出始める
1,000 ppm以上になると重篤な症状が現れる
1,500 ppm以上では生命に危険が及ぶ

表1　COガス濃度と人体影響の関係

COガス濃度⇒C [ppm]、曝露時間T [時間]とすると	
[C×Tの値] <300	影響は少ない
<600	軽度の作用
<900	中度ないし高度の影響
=1,500	致死

表2　[COガス濃度と曝露時間の積の値]と人体影響の関係

表1、表2とも公益財団法人日本中毒情報センター　医師向け中毒情報　一酸化炭素より抜粋

この表は、中毒情報センターのホームページに掲載されている CO 中毒のデータを基にして作ったものです。
この表と、現場に最先到着した救急隊の活動内容を重ね合わせて考えてみてください。

救急隊長さんは、
- 換気扇を回して
- 全てのドア、窓を開放し
- 自分で動けるお客さんは全員外に出る
- 救急隊員にも傷病者を外に誘導するよう下命

という指示を出しましたから、換気により店の中の
- CO ガス濃度を低下させた
- 傷病者と他の客を新鮮な外気のある場所に避難させた

ということですよね。

思い出してください。
有害物質や有害ガスのある現場で、被災者の救命や悪化防止を行うために、最も重要なことは何だったでしょうか？

いち早く「傷病者を新鮮な空気のある場所に移動させる」です。
なるほど!!　そうか!!
先着の救急隊の活動で、それが実現できているのですね。

それに加えて換気をしていますから、**危険排除の作業も着手されている状態**で、特殊災害部隊と指揮隊が応援要請されたのです。

この救急隊長さん、どんだけ頭がいいんだろ!!

専門的な研修も受けていない職員が、機転を働かせてこれだけの活動をしてくださるのは、すごいことですよ。

この災害で死者は出なかったのですね？

そうです。
蒸し暑いからといって炭火を換気扇も回さずに長時間使っていたのですから、店内の CO ガス濃度はかなり高くなっていた可能性がありますし、その証拠に一番危険な

厨房にいた従業員が重症になっています。
救急隊長の機転がなかったら犠牲者が出ていたかもしれません。

COガス中毒だけを考えても、私たち消防の現場で活動する者も中毒発症の仕組みをキチンと勉強する必要がありますね。

この事例の場合、救急隊長の観察した内容に、指令管制室の受付員が機敏に反応して部隊運用をしたことがいい結果を生んだと思います。

現場と指令室や医療機関が連携して、傷病者の命をつないだのですね。

いいところに気が付いたね。

❸ 飲食店の上階が共同住宅の場合の注意点

この事例の建物は、1階に事故が起こった居酒屋が入居しており、その上階の2、3階は共同住宅です。
かなり以前にS区O町にある古いマンションの一室で「ひどい頭痛がする」という急病人の救急活動をしたことがあるのです。

どのような活動だったのですか？

頭痛の傷病者は、急病人としてそのまま搬送したのですが、直後に同じマンションで別件の急病事故があり別の救急隊が対応したところ、その傷病者はマンションの居室内で心肺停止状態でした。
さらに、この2件の救急事故とは別に、同じマンションの1階の部屋の中で、ガス湯沸かし器を付けて風呂を沸かしたまま寝込んでしまった女性が、湯沸かし器の不完全燃焼でCOガス中毒死しました。その部屋のガスが天井や壁の隙間から上階の他の部屋に入り込んで、さらに2名が死亡し、1名が急病（COガス中毒）で搬送されたのです。
古いマンションやアパートは、床や天井のスラブの工事が不完全だったり、墨出し穴の埋戻しがされていない場合があります。そうすると、下階で空気よりも軽い有毒ガスが充満したとき、そのガスが穴を伝って上階に拡散することがあるのです。

ご紹介いただいた居酒屋の**事例は、3階建てのビルの2階以上がワンルームマンションですよね？**
　この事例でも、**2階・3階の共同住宅部分に、COガス中毒の傷病者がいる可能性があったということですね？**

　幸いにして傷病者は店舗以外にはいなかったのですが、**事例のようにCOガス中毒が起こったと判明した時点で、居酒屋内の傷病者の救助や誘導をすると同時に、2階以上の各部屋の内部確認が必要**だと思います。

　つまり、特殊災害部隊の活動として、1階店舗内のCOガス濃度測定と並行して、上階の各居室の安否確認や環境測定も行う必要があるということですね？

　私は、S区O町のCOガス中毒による死亡事故を経験して以来、共同住宅で起きた人命危険を伴う災害出場時には、共同住宅の規模にもよりますが、全住戸の内部確認や安否確認をするようになりました。

④ 焼肉チェーン店で起きたCO中毒事故

 先生、お早うございます

 どうしたんですか？ 随分元気がないですね。

 私って、料理の才能がないんですかねー!!

 料理って、何のことですか？

 私が勤める消防署では、食事は3食自炊なんですが、年に数回は隊長職が食事当番をして日頃の隊員たちを食当から解放しているのです。

 私も消防士長までは輪番で食当をしていましたが、司令補になってからも年末年始に各隊長が、日頃の部下の苦労をねぎらうために食当をしましたよ。
で？ 落ち込んでいるわけは？

 私が食当のとき、たまたまガスレンジが故障して使えなかったんです。

 ほー！ で、熱源は？

 倉庫から古い七輪を引っ張り出してきて、私がご飯を炊く役目でしたが……。

 火加減が難しくて焦がしたんですか？
それとも、室内で練炭をおこしてガス中毒でも？

いいえ！　それ以前の話です。ハアー。
米は新潟出身の同僚が魚沼産のコシヒカリを持ってきてくれたのでー。

豪勢じゃないですか！
おいしい米があるときは、オカズなんか必要ないくらいおいしいですからね。

お米をとぐとき、いつまで経っても泡が消えなかったんです。

泡？　ってどういうこと？

釜にお米を入れて洗剤を入れてといだらね……。

洗剤を入れた！！

普通、入れますよね？

普通、入れません！！！
で……？

邪魔だから、僕は食当しなくてよいと……。
それで、七輪の火おこしをやりました。

君は家で家事の手伝いをすることがなかったのですかね？

去年は、うどんの乾麺をゆでるとき、水からゆでてダメにしちゃって……。

ウーム……。
まさか、今年は部屋の中で炭火をおこしたりしなかったでしょうね！

もちろん、寒かったので部屋の中です。雨も降ってたしー。

君の部の食当は命懸けですね。
厨房の換気扇は回していましたか？

「強」で回しっぱなしで作業しましたけど。それが何か？

私が子どもの頃、母は季節や天気にかかわらず、七輪や炭火の火おこしは勝手口の外の屋外でやっていました。炭火や練炭は大量のCOガスが発生するのです。

ああ、なるほど。
そういえば、私がよく行く居酒屋は、魚介類を炭火で焼く料理がウリですけど、いつも厨房側の扉が開けっ放しです。冬だと冷たい風が吹き込んで寒くてたまりません。

昔は、どこの家でも暖房や炊事の熱源は炭火や練炭でしたけど、家が木造の隙間だらけの家で、今のように断熱材の入った壁ではないため換気率が非常によかったのでCOガス中毒事故が起こらなかったのです。
それでは、COガス中毒事故事例の二つ目をご紹介しましょう。

事例2　焼肉チェーン店の事故

事故概要2

- 覚知日時：8月4日（木）　16時37分の119通報　PA連携
- 発生場所：K市N町　1丁目9番24号　Iビル1階　焼肉チェーン店
- 建物構造：耐火3／1、店舗併用事務所（複合用途）
- 通報内容：女性が卒倒して頭を強打し、意識なし
- 災害概要：
  ① 焼肉店の店員K（女性・19歳）とO（男性・20歳）は、開店準備のため店内厨房の中央付近で炭火をおこしていたところ、店員Oが痙攣を起こして倒れたので、店長Y（男性・25歳）に連絡した。
  ② 店長Yは店の出入口付近にあった加入電話で119通報を行い救急車の要請をした。Yは通報後Oが倒れた場所の様子を見に行こうとしたが、Yも途中で倒れ、さらに店員Kも倒れた。

③ 傷病者：3名
- 出場隊
  ① 最先到着隊：PA連携によるポンプ1隊（K小隊）、救急1隊（S救急隊）
  ② 後着隊：危険排除によるポンプ1隊、救急2隊、救助1隊、特殊災害部隊6隊、指揮隊3隊
  計15隊

 この災害は、炭火を扱う焼肉店で、室内で炭火をおこす作業中に店長や店員が次々と意識障害を起こして倒れた事故です。少し補足しますと、最先到着したK小隊の隊長が店内に入ったとき、厨房の換気扇は回っていなかったと報告しています。

 先生が先ほど、私が炭火の火おこし中に換気扇を回したかを聴いたのは、この事例があったからですね。

 必ずしもこの事例の経験が理由ではありません。現代の建物構造の室内で炭火を扱うときは、十分な換気をする必要があるからです。

 PA連携の指令では、「炭火」とか「意識障害」という有毒ガスの存在を思わせる情報はなかったのですね。

 そうです。
この時点では、女性が転倒して頭を打って意識を失ったという情報しかありません。この時の最先到着隊の消防活動の概要を見ていきましょう。

PA連携（最先到着隊）の消防活動

① 最先到着のK中隊は、現場到着後、小隊長が先行して指令番地の焼肉店の前に達したとき、店の出入りロドアは閉まっており、ドアを開けて呼び掛けを行ったが応答がなかった。
② K中隊長は、店のドアを開けて中に入ると（空気呼吸器の着装なし）、男性2名が床に倒れているのが見えた。
③ 小隊長と1番員、S救急隊の隊員の3名で倒れていた店長Yを屋外に抱え救出した（3名とも空気呼吸器の着装なし）。
④ 引き続き1番員と2番員が、店員Oを屋外に抱え救出した（2名とも空気呼吸器の着装なし）。
⑤ 店長Yは、S救急隊のメインストレッチャーで車内収容後、気道確保して酸素吸入を行ったところ、意識レベルが200→1に改善した。
⑥ 店員Oは路上に展張した防水シート上に仰臥位に寝かせ、S救急隊長が気道確保を実施

するとともに酸素吸入を実施した。その後ドクターカーで到着した医師と看護師が補助呼吸を行いながら、後着のK救急隊に車内収容した時点で、意識レベルが200➡2に改善した。

⑦　K中隊長は、1、2番員に空気呼吸器を着装させ、店内の検索を下命したところ、店の奥で女性店員Kが倒れているのを発見し、抱え救出で屋外に救出し、ドクターカーの車内に収容した。この時点での女性店員Kの意識レベルは20であった。

⑧　その後到着したB救急隊は、女性店員Kを引き継いで収容した。この時の意識レベルは1に改善した。

⑨　なお、先着したS救急隊の隊長は、店の中に入ったときに白煙が充満しているのを認めたため、店員の意識障害はCOガス中毒と判断して、K中隊長に内部進入時に空気呼吸器の着装を進言するとともに、危険排除の必要性から特殊災害部隊の応援要請を行った。

⑩　後着ポンプ隊のN小隊は、マルチガス測定器を用いて店内の環境測定を行ったが、酸素濃度：20％以上、COガス濃度：0ppmであった。応援要請で到着したH特殊災害部隊による環境測定も同じ結果となり、危険排除活動の要はなしと判断された。

この活動概要を見て、何か気が付くことがありますか？

さっきの食堂の火おこしでもそうですが、「COガス中毒」という可能性を疑った目で見ると、先着隊の活動はヒヤリハット・ものになりそうな状況ですね。

119通報内容の情報や、PA連携時の出場指令の内容では、その時点で「COガス中毒」や「空気呼吸器の必要性」を発想するのはチョット無理がありますが、実態としては二次災害となる危険性のある現場だったことは確かです。

このような状況で活動すると、事例1の災害でもそうなのですが、同じ狭い店の中にいた人なのに、人によって症状の出方の個人差が大きいことがありますね。
それに、数分後に店の中に入った消防隊員には全く症状が出ていませんし。

私たちのように日常的にCOガスのような「見えない脅威」があるという前提で活動をする特殊災害部隊なら、119通報内容や出場指令内容から有毒物質の存在を予測することができますが、そうでない場合は危険性を知らずに活動を開始してしまうことがあり得るでしょう。

　1999年（平成11年）に茨城県内のウラン加工工場で起きた臨界事故の時もそうでしたね。

　その時に活動した部隊が、知らずに被ばくしたり有害物質に曝露したりしたとしても、その後の調査や研究で判明した事実から、「将来起きたときにはこのように対応する」という活動方針の修正をすることが重要ですね。

　「過去の活動を反省する」ということは、その「当事者の誤りや間違いを白日の下にさらす」と受け止められてしまうので、議論のやり方が難しいですね。

　新しい知識を得たら、過去の災害を研究して、また同じようなことが起きたら、「自分が指揮者ならこうする」といった生かし方が正しいと思います。
　本書の目的は、正にそのような方針で書いているのですから。

　事例2の建物も現場が1階でしたが、この場合も事例1と同じように上階の安否確認が必要ですよね？

　君の言うとおりです。
　救急隊に搬送された3名の傷病者は、近くにある国立災害医療センターに収容され、COガス中毒（重症）と診断されました。3名とも意識清明に回復しましたが、高圧酸素治療設備のあるT医科大学H医療センター、K大学病院、S病院の3か所にそれぞれ転院したそうです。

第6話 カジキマグロによるアナフィラキシーショックの集団発生

第6話で学習すること
- ☑ 同じ症状の急病人が集団発生したときの災害予測
- ☑ 最悪の事態を含めて想定すること
- ☑ 他機関との情報交換と連携
- ☑ 医療機関で行われる非常時体制

1 発端は集団救急事故

この話では、大手企業の社員食堂で起きた、珍しい事故のお話をしましょう。
まず、表題を見てください！

「カジキマグロ」？
魚を食べて急病人が出たって事例ですか？？
それじゃあ食中毒？？？
アナフィラキシーショックって何ですか？？？？

順番にいきましょう。
まず、結論を先にいえば、この事例は急病による集団救急事故です。

じゃあ、NBC災害事例ではないのですか？

結果的には、私たちが普段考えているようなNBC災害ではなかったのですが、患者を扱った医療機関では「毒物による犯罪事件」の可能性も考慮して対応した事例です。

　急病人だと、B災害なのかな？

　一口に「急病」といっても、
　① 感染症のように潜伏期間を経て発症するもの
　② 食中毒のように原因となる食べ物を食べてから数時間後に発症するもの
　③ 毒物を摂取して、短時間のうちに発症するもの
　④ 食物アレルギーの発作
など、いろいろあります。
　119通報で、「今まで元気だった人が、急に苦しみだした」という内容だったら、君はどのような現場を想像しますか？

　「急に苦しみだした」ということであれば、「虚血性の心疾患」のような元々循環器系の疾患を持った人が発作を起こしたとか、有毒物質を摂取して中毒を起こした場合や、ノロウイルスの感染症などを想像します。

　「今まで元気だった人」「大勢の人が同じ症状を訴えている」という2つのキーワードが通報に含まれていた場合はいかがでしょう？

　そうなると、サリン事件や砒素混入カレー事件などのような「毒物を用いた犯罪」の可能性もありますね？

　この話のテーマに選んだのは、ある企業の産業医の転院搬送要請通報に端を発した事例です。
　対応したのは私たちの消防本部ですが、私自身がこの事例を知ったのは随分後になってからです。

では、この事例に先生は関わっていらっしゃらないのですか？

そうです。
この災害を知ったのは、日本中毒学会の学会誌で紹介された「アナフィラキシーショック集団発生」※という記事を読んだからです。
記事の内容を調べたところ、私たちの消防本部が扱った集団救急事故だと分かりました。

※大谷典夫・石松伸一　「アナフィラキシーショック集団発生」　中毒研究　一般社団法人日本中毒学会
　　Vol.19　No.3　227〜234頁　2006

私たちの消防本部が扱った救急事例なのですか。
知りませんでした。

ある企業の社員食堂のランチを食べた多くの社員が、カジキマグロの照り焼きに含まれていた**ヒスタミンによるアナフィラキシーショック**になった集団救急事故です。

2　ヒスタミン中毒ってどんな症状？

ヒスタミン中毒って、何ですか？

では、専門書を紐解いて「食中毒」を調べてみましょう。

---

① 魚に起因するヒスタミン中毒
　　　　　　　　　（公益財団法人日本中毒情報センター　保健師・薬剤師・看護師向け中毒情報より抜粋）
　　（一般社団法人　大日本水産会　『ヒスタミン食中毒防止マニュアル』より一部引用）
　サバ科（マグロ、カツオ、サバなど）類似の魚類の筋組織（体表やエラ）に存在する遊離ヒスチジンの腐敗発酵により産生される「ヒスタミン」に起因する中毒。ヒスタミンは熱に安定で、一度生成されると生魚、冷凍、調理した魚のみならず、缶詰、干物、燻製でも中毒を起こし得る。鮮度の低下したヒスタミンを含む魚を摂取した場合、通常10〜30分以内に紅斑、掻痒感などを発現する。比較的軽症の症例が多いが、まれにアナフィラキシーショックをきたすような重症例も報告されている。

② 食中毒

(『医学大辞典』 第19版 南山堂より抜粋)

食中毒は、有害物質に汚染された飲食物を摂取することで起きる中毒症状ないしは急性感染症状を発現する場合をいうが、食中毒の定義は必ずしも明確ではない。食品衛生法では「食品、添加物、器具、容器包装に起因する中毒」とされている。原因により、細菌性、自然毒、化学物質によるものに大別される。

化学性食中毒は、食品の生産・製造過程での混入、誤用又は食品と誤認して摂取された急性中毒症状を呈する場合を指し、特定の生きた細菌ないしは、その産出した毒素を含む飲食物を摂取することにより起こし得る急性中毒症状をいう。

感染症型は、飲食物中に混入増殖した原因細菌が胃腸管内で更に増殖することにより急性胃腸炎症状が引き起こされるもの。腸炎ビブリオ、サルモネラ、セレウス菌、病原性大腸菌、ウェルシュ菌など。

毒素型は、食品内で菌が増殖する際に生ずる毒素によって、消化器や神経組織に害を与えて起こる中毒症状である。ブドウ球菌(潜伏期:2~4時間)やボツリヌス菌(潜伏期:1~2日)などがある。

③ ヒスタミン中毒（概要）

(内閣府・食品安全委員会 「ヒスタミン・ファクトシート」より抜粋)

ヒスタミン(histamine)は、アミノ酸の一種であるヒスチジンの誘導体です。マグロ類、カツオ類、サバ類等の赤身魚には遊離ヒスチジンが多く含まれています。これらの魚を常温で放置する等、不適切な管理が行われた結果、細菌(ヒスタミン生成菌:モルガン菌やクレブシエラ・オキシトカ菌など)が増殖し、この細菌によって遊離ヒスチジンからヒスタミンが生成されます。

ヒスタミンを多く含む魚やその加工食品を食べることにより、アレルギー様のヒスタミン中毒を発症することがあります。ヒスタミンは熱に安定であることから、一度生成されると焼き物や揚げ物などの加熱調理済の食品であっても食中毒が発生します。

ヒスタミンは、魚やその加工食品のほか、ワインやチーズなどの発酵食品にも含まれていることがあります。

ヒスタミンを多く含む食品を摂取した場合、通常、食後数分~30分位で顔面や口の周りや耳たぶが紅潮し、頭痛、じんま疹、発熱などの症状を呈しますが、大抵6~10時間で回復します。重症になることは少なく、抗ヒスタミン剤の投与により速やかに治癒します。

　このように、いろいろな資料を見ますと、「ヒスタミン中毒」は食中毒の中でも赤身魚に含まれるヒスチジンが、ヒスタミン生成菌という細菌の増殖によって産出されたヒスタミンという化学物質により引き起こされる **化学性食中毒**※に当たるようですね。

※東京都感染症情報センターが2005年7月に公表した「ヒスタミン中毒と微生物」という資料には、「細菌性食中毒に分類されるべきもの」と書かれています。

　そうすると、ヒスタミン中毒というのは、加熱調理してあるからといって避けられるものではなく、ノロウイルスやO－157のような感染症型ではないので、発症した人の体液に接触しても「うつる」ことはないのでしょうか？

　資料の記述からは、そのように読み取れますね。

　ヒスタミン中毒で重症化することは少ないと書かれていますが、重症になる場合というのは、どのようにして起こるのでしょうか？

　日本中毒情報センターの資料にも書かれていますが、同じアレルギー様の症状であるアナフィラキシーショックは、例えば食物アレルギーを持ったお子さんが、学校の給食に入っていた「アレルギー物質を含む食材」を食べてしまったために発症したり、蜂に刺されて生命に関わるほど重症化するものを指す場合が多いです。

　私たちの消防本部では、市民の要望によって「蜂の巣の除去」を業務として行っていますので、「蜂防護衣」なるものが配置されていますね。

　私が消防署に勤務していた時には、1日に数個のスズメバチの巣を除去して、消防署に持ち帰り、そのまま冷凍庫に保存していました。

 保存してどうするのですか？

 蜂の巣に入っているハチの子をフライパンであぶって食べるのですよ。精が付いておいしいですよ。

 ヒエー！　先生、野蛮！
でも食べてみたいな！

 私の住んでいる地元の消防本部も市役所も、蜂の巣駆除だとか蛇の駆除などの動物を対象とした業務は行いませんので、大きな蜂の巣が発見されると自分で駆除しなければならないので大変危険です。
　消防で危険な生物の駆除を行う場合、蜂防護衣だけではなくエピネフリン（アドレナリン）の自動注射キットを一緒に配置すべきですね。

 何ですか？　「エピネフリン」って？

 蜂に刺されたとき、アナフィラキシーショックを防ぐための拮抗薬です。
　食物アレルギーを持っているお子さんがいらっしゃる場合は、必須のアイテムです。

74 | 第6話　カジキマグロによるアナフィラキシーショックの集団発生

3 災害の概要

　それでは、災害事例をご覧ください。

- 発生時期：2月　12時45分頃
- 発生場所：企業内の診療所
- 覚知時分：13時27分の119通報　診療所の産業医から転院搬送依頼
- 事故概要：
　　社員食堂のランチメニューだった「カジキマグロの照り焼き」を食べた社員のうち、男性4名、女性2名の計6名が体調不良を訴えて診療所を受診した。その中に重症患者がいたため、他の医療機関への転院搬送を要請してきた。
　　その後、さらに25名の社員が診療所に続々と押し掛け、31名が救急搬送された。
- 出　場　隊：救急隊13隊、人員輸送車（マイクロバス）2隊、ポンプ隊2隊、指揮隊4隊、その他4隊
　　　　　　　合計25隊
- 傷病者の内訳：重症1名、中等症18名、軽症13名（軽症者のうち1名は、タクシーで自力受診）
- 医療機関の対応
　① この事故で13名の患者を受け入れ収容した医療機関の救急外来では、「複数のアナフィラキシー患者の同時発生」を確認した。
　② 担当医師は、「通常のアレルギーではなく、毒劇物による災害の可能性も否定できない」と判断し、警察への通報を実施
　③ 警察本部は、機動捜査隊、NBCテロ捜査隊を出動させた。
　④ この医療機関は、過去に毒劇物中毒による多数の患者を受け入れた経験により、「毒劇物による多数傷病者発生」を視野に入れた体制に切り替えた。
　⑤ 担当医は、科学捜査研究所、日本中毒情報センターと連携し、早期に毒劇物テロや犯罪の可能性を否定し、食物に含まれるヒスタミンによる中毒事故と断定した。

　この災害概要によると、この多数患者を受け入れた後、警察など複数の専門機関と連携して情報を共有し、毒劇物によるテロ災害を視野に入れた対応を進めたのですね？

　報告論文によれば、救急外来の体制を、通常体制と集団災害対応体制に分けて設定するとしており、
　① 多数の患者さんが来院することによる診療の混乱を避けるために、患者の受け

入れ窓口を通常用と非常用に分離
　②　ゾーンニングの実施
　③　電子カルテの運用停止（紙ベースのカルテに切替え）
などの体制が敷かれたとのことです。
　さらに、患者の状態や外部専門機関の情報、患者の体液の分析結果を入手する経過の中で「毒劇物災害」を否定した、と結んでいます。

　消防の部隊運用を見ると、マイクロバスを2隊運用しているのですね。

　消防本部では、多くの軽症者を効率的に搬送するのにマイクロバスを使用することを医療機関に伝えています。
　重症者を含めて、傷病者をできるだけ早期に医師の管理下に置くような配慮がされていたのではないでしょうか。

　消防の特殊災害部隊は運用されていませんね。

　警察本部は、機動捜査隊と科警研や科捜研との連携ができますが、消防はそのような連携はできませんからね。
　この事例の災害では、消防の特殊災害部隊が活躍できる場はなかったと思いますよ。

4　専門誌購読のススメ

　先生は、この事例の災害についてお調べになったのは、『中毒研究』をご覧になった後ですか？

　そうです。
　私は、この災害が発生していた時点で、まだ特殊災害部門に勤務しておりませんでした。国立医薬品食品衛生研究所のY先生が研究所を退職されるときに、先生がお持ちになっていた『中毒研究』のバックナンバーを全部私に譲ってくださったのです。その中に、この事例の記事がありました。
　その後に、災害を扱った消防署にお願いして、当時の活動記録を見せていただいたわけです。

　私も年間4冊発行される『中毒研究』は購読しているのですが、購読料金がばかにならないのです。

　　　　この学会誌は、事故事例がたくさん報告されていて、しかも医療機関側からの報告論文が豊富だし、病院収容後の貴重な情報が得られるので重宝しています。

　　　　私は、Y先生にバックナンバーを譲っていただきましたので、タダです。いつも私の机の後ろにあるロッカーに入っていますから、勝手に読んでもいいですよ。

　　　　早く教えてくださいヨー。
　　　ほかにも、日本アイソトープ協会が発行している『ISOTOPE NEWS』も読みたいですね。

　　　　放射線医学研究所※1の研修棟1階ロビーに両方とも置いてありますよ。特に『RADIOISOTOPES』は2014年7月からはJ－STAGE※2で全文無償閲覧できます。
※1：国立研究開発法人量子科学技術研究開発機構に所属する放射線医学研究所
※2：J-STAGE：https://www.jstage.jst.go.jp/browse/radioisotopes/-char/ja/

　　　　ヤッパリ、足しげくいろいろなところをウロウロしなければダメですね。

　　　　私だって、特殊災害部門に入りたての頃は、今お世話になっている先生方の誰にも相手にされなかったのですよ。
　　　それでも、真剣になって「アレが知りたい」「この情報が欲しい」とうるさく付きまとって、ようやく先生方の信頼を勝ち取って、心の扉を開けることに成功したのです。

　　　　そうか！
　　　私が行きつけにしている洋食屋さんも、最近はお客さんが空いていると裏メニューを出してくれるようになりましたモンね。
　　　「金目鯛の煮つけ定食」に、頭の部分が丸ごと入っているのです。

金目鯛の煮つけ定食

金目鯛は、頭の部分が最高においしいですからね。

私が大好きな「牛筋煮込みカレー」も、地元鎌倉のＺ座にある洋食屋さんの裏メニューの一つです。

何事にも初期投資は付きものですよ。

第7話 ゾーンニングのはなし（ハロゲン化物噴出事故）

第7話で学習すること
- ☑ ゾーン境界線設定の具体的な方法
- ☑ 実災害時のゾーン設定の留意点

1 ゾーン設定の方法は？

　NBC災害の消防活動には、一般的な火災や救助活動とは違った特殊な活動要領があります。
　この話では、その中でもかなり厄介な「危険区域（ホットゾーン）」、「除染区域（ウォームゾーン）」、「消防警戒区域（コールドゾーン）」、「進入統制ライン」など、災害現場を特定の目的と機能を持ったエリアで区切る「ゾーン設定」という手法があります。

　私も、NBC訓練や災害現場で、ゾーンニングをまともに設定できたことがありませんし、そもそも、ゾーン設定の意義をよく理解していないのです。

　消防に「ゾーン設定する」という活動が取り入れられたのは、日本では地下鉄サリン事件で、多くの消防隊員がサリン中毒になったことが契機だと思います。

　つまり、有害化学物質がある現場で、消防隊員が汚染されたり中毒になることを防ぐためですか？

　それもありますが、ゾーンニングは、海外の軍組織で、戦場で神経ガスなどの化学兵器が使われたときの対処法として考案されたものを、消防活動に取り入れたものです。しかし、その目的や手法は軍組織のものとは少し違う部分があると思います。
　消防の場合は、
- 有害物質の汚染拡大を阻止する
- 被災者の症状悪化を軽減する
- 活動隊員の二次災害防止などの安全管理

などが主な目的です。
　設定上の機能も、消防の場合は、以下のように説明されるべきものです。

① **危険区域**：人体に健康被害を与え得る濃度の有害物質が存在する区域
② **除染区域（準危険区域）**：**有害物質が存在しない区域内に設定する**が、汚染された被災者をトリアージしたり除染する関係で、被災者からの二次的汚染の危険を考慮した区域
③ **消防警戒区域**：有害物質が存在しない、あるいは存在を排除した区域
④ **進入統制ライン**：防護装備を持たない最先到着部隊が、有害物質に汚染された可能性がある要救助者を早期救助するために、そこから先では簡易化学防護衣や空気呼吸器の着装を義務付けて、二次災害を防止するために設定するライン

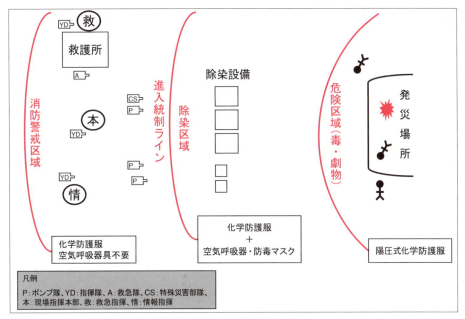

図1　C災害時の消防活動基本隊形

毒・劇物危険区域：有害物質のガス濃度が、許容濃度を超える区域。実際には安全を見込んで、許容濃度を超えるエリアよりも外側に設置し、災害が発生した建物全体を毒・劇物危険区域とすることが多い。

除染区域：毒・劇物危険区域の外側に、有害物質に汚染され救助した被災者や受傷者の一次トリアージ、除染等を行うためのエリア。この区域の安全側が指揮本部、現場救護所等の消防活動拠点であり、除染区域から危険側に進入する場合は、化学防護服と呼吸保護具を着装させる。消防警戒区域内に脱出する場合は、延長したホースラインによる放水や除染設備により除染をしなければならない。

消防警戒区域：一般市民等の立入を規制し、市民の安全を図ると同時に、消防隊の活動エリアを確保するための統制ライン。

出典：全国消防長会（編）　『実戦NBC災害消防活動－災害事例に見る活動の実際』　5訂版　一般財団法人全国消防協会・東京法令出版　2024

第7話 ゾーンニングのはなし（ハロゲン化物噴出事故）

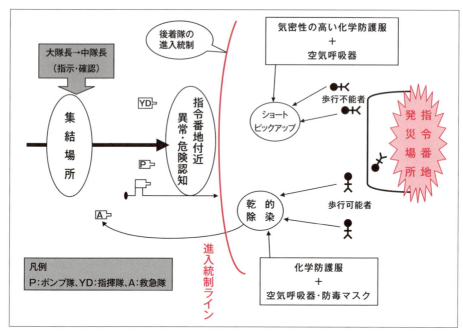

図2　NBC専門部隊以外の先着隊による初期対応

「進入統制ライン」：現場指揮者が五感と測定器によって「具体的な危険」を判断した場所に設定する。

「ショートピックアップ」：要救助者を発見した場合に、曝露及び汚染危険のある場所から一時的に危険の低い場所へ移動し、曝露及び汚染危険の軽減を図ること。

出典：全国消防長会（編）　『実戦NBC災害消防活動－災害事例に見る活動の実際』　5訂版　一般財団法人全国消防協会・東京法令出版　2024

　「説明されるべきもの」というのは、どういう意味ですか？

　総務省消防庁が公表した『化学災害又は生物災害時における消防機関が行う活動マニュアル』に記載されている内容とは、微妙に異なるからです。

　どちらが正しいのですか？

　正しいというよりも、マニュアルには、ゾーン設定の具体的な方法や、境界線出入口の管理方法など重要部分が解説されておらず、「資料集」的な内容に重点が置かれています。

「境界線の出入口の管理方法」とは、具体的にはどのような内容なのでしょうか？

 下の写真1を見てください。

写真1　建物壁体と駐車場の生垣を利用したゾーン境界線の設定

　国立医療センターと消防とで行ったＣ想定のNBC合同訓練の時の画像で、生垣を利用した除染区域との境界線です。
　次の写真2は、除染区域と消防警戒区域の境界線です。

写真2　除染区域と消防警戒区域の境界線

　写真3は、消防警戒区域の中に、除染区域の境界線に寄せて現場救護所の膨張テントを設置しています。

写真3　消防警戒区域に設置した救護所テント

除染区域内のマイクロバスは何ですか？

　マイクロバスは、**歩行可能者が脱衣と衣服の交換による乾的除染をするためのスペースです。男女別にするために、2台用意しました。**
　マイクロバスの内部は、冬なら暖房、夏なら冷房をして、被災者を保護します。

　もっと小規模な訓練の場合、カラーコーンやバーを使って境界線を作りましたけど、これだけ広い会場だと、その方法じゃあ無理ですよね。

　そうです。それで、既存の生垣を利用して、部分的な境界線の出入口にカラーコーンとバーを置いて、出入り管理をするようにしたのです。

写真4　危険区域と除染区域の境界線で設けた
　　　　出入口の状況

出入口の管理には、防毒マスク＆簡易化学防護衣を着装した隊が張り付いているのですね。

ゾーンの設定をした場合、そこが最も重要なことです。

ゾーンを設定して汚染の拡大や二次災害の防止を図ろうとするのに、境界線の管理が十分でないと、活動隊員が勝手に防護衣を離脱したり境界を越えて活動するような意味のない境界線になってしまいます。

ですから、**境界線は建物の壁面や写真の生垣のように、簡単には踏み越えられないモノを利用し、その出入口にだけ進入脱出管理専任の隊を張り付けて管理をする必要があります。**

写真5　自力歩行可能者が除染区域から脱出する出入口管理

写真6　消防警戒区域内（消防隊の活動拠点）

実災害の場合は、必ずしも訓練モデル的なゾーンニングができないことがほとんどです。

「発災建物内部だけ」、あるいは高層建物であれば「1階～2階まで」といった非常に限定した区域に危険区域を設定することが多いです。

それで目的が達成できるのですか？

 きちんと測定器で危険性を確認して設定することは不可欠です。
あまり必要以上に広い区域を設定すると、毒劇物防護衣や空気呼吸器を使うエリアが大きくなって、かえって活動しにくい現場になってしまいます。

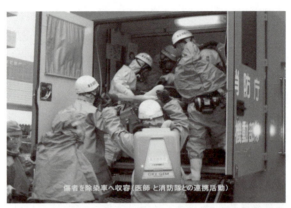

写真7　除染区域内で酸素発生式呼吸器を着装する隊員

 赤丸のついている防護衣を着ているのは、どこの機関の方ですか？

写真8　除染区域内で医療処置を行う医師

 赤丸のついている防護衣は、PPE（Personal Protective Equipment）防護衣といって、密閉はされていませんが、腰の部分にモーター付きの給気ポンプとHEPAフィルターが付いた給気式の簡易防護衣で、着ているのは国立医療センターの医師です。
　この訓練は、おそらく日本では初めて、医師が防護装備を着装して除染区域内医療活動を行うことを試みた訓練です。

医療関係の方々の中には、「医療は設備の整った診療室で行うべきで、ましてや災害現場の除染区域内で行うなどもってのほか」という考えをお持ちのドクターがいらっしゃいますよね。

そういった意味では、この訓練は国立医療センターのK先生が率先して計画に参加してくださった画期的な訓練でした。

訓練に参加された先生方は、PPE防護衣を通して観察や気管内挿管などを行う困難を経験されて「とても有意義な訓練でした」との感想を述べていらっしゃいました。

写真9　救護所のトリアージマットで搬送を待機する傷病者

以前に幹線道路に面したビルの地階で、ハロゲン化物が放出した現場に出場したことがありました。その時は毒劇物危険区域だけを設定して、除染区域は作りませんでした。

実際に災害現場で設定するゾーンのライン設定は、講習会や訓練のときとは全然違った状態になっちゃうんです。

ソリャそうですよ。

現場でのゾーンニングの境界線の設定は、地図の上にマーカーで線を描くように簡単にはいきませんし、訓練場のように「だあれも邪魔をする人がいない場所で、広いスペースに自由に境界を設定する」ようなわけにはいきません。

そうなんですよ！

その現場と訓練とのギャップが、なんか歯がゆいというか、心残りというか……。

「これでいいのか、ゾーン設定！」っていう疑問が残っちゃうんです。

ハロゲン化物放出の現場は、市街地の真っただ中に境界線を設定してゾーニングをすることの難しさを痛感した災害です。
　いい機会ですから、今回はハロゲン化物放出事故の事例を参考にして、ゾーンニングのお話としましょうか？

　訓練で「進入統制ライン」「毒劇物危険区域」「除染区域」「消防警戒区域」などを設定するときと、実災害でのゾーン設定のギャップは、君だけではなく、NBC災害を担当する消防隊員の皆さんの悩みの一つかもしれません。
　それでは、ハロン1301ガスの毒劇物危険対応の活動の組み立てを交えながら、ゾーン設定の話を進めていきましょう。

　決まりー。今回は実災害でのゾーンニングの話にしましょう！

　ただし、先ほども申し上げましたが、ここでいうゾーニングは、**総務省消防庁が示したNBC災害用マニュアル**の内容とは少し異なります。

　マニュアルは、対象とするNBC災害が化学テロ災害や化学工場災害などの大規模災害に限定した内容になっていますね。

　そのとおりです。
　序章の冒頭に、「対象となる事案」という見出しで、マニュアルが対象とする災害の内容が明記されています。
　それによると、私たちがこの事例で扱う、日常的に起こる小規模なNBC災害は対象外です。

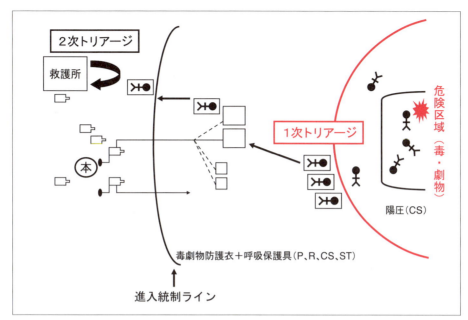

図3　C災害を例にした活動例

災害の規模が違っても、現場の危険性の評価や判断の方法や、活動要領の基本は共通なのに、なぜ小規模NBC災害を対象としないのでしょうか？

それは、先ほども触れましたが、ゾーンニングの参考書は、戦争やテロ災害のような大規模事象のために書かれた外国の文献が基になっています。日本国内で日常生活規模で起こるNBC災害のためのゾーン設定を解説した参考書は、私の知る限り**『実戦NBC災害消防活動』**※だけです。

※全国消防長会（編）　『実戦NBC災害消防活動－災害事例に見る活動の実際』　5訂版　一般財団法人全国消防協会・東京法令出版　2024

だから、マニュアルを使ってNBC訓練をすると、現場の実態とのギャップができちゃうんですよね。

私たちのスタンスは、主に日常生活の中で起こるNBC災害に焦点を当てていますし、特殊災害部隊が対応するほとんどの実災害規模に合わせて、**「非常用資器材は、日常使いをしていなければ、イザというときに使い物にならない」**というコンセプトですからね。

そうですね。
大規模NBC災害対応だって、小規模災害の延長線上で考えれば、除染の方法だって、ゾーンニングの境界線の設定の方法だって、根本的な部分は同じですからね。

第7話　ゾーンニングのはなし（ハロゲン化物噴出事故）

　読者の皆様と一緒に、NBC災害対応の基本を勉強するのですから、実際に起こった小規模なNBC災害を材料にして話を進める方が分かりやすいと思います。

　「ゾーンニング」の事例としてハロゲン化物消火設備事故を選んだのはなぜですか？
そこがよく分かりません。

　この事例では、ゾーン設定のやり方が、総務省消防庁のマニュアルや**国際的なNBC災害用マニュアルに提唱されている内容**※とかなり違っていたのですが、その理由もお話ししたいので。

※①　IAEA（国際原子力機関）の提唱する「放射線緊急事態において推奨される危険区域半径（安全境界線）」➡「Manual for First Responders to a Radiological Emergency」（2006年）の11頁に記述される Suggested radius of inner cordoned area (safety perimeter)
②　米国パイプライン・危険物安全局が発行する緊急事態対応指針
　➡ Emergency Response Guidbook（ERG）による「初期退避区域」「防護活動区域」に示されるゾーン設定
など

　あの現場では「アレしか方法がなかった」と思うのですが、そのギャップがどうも気になっていました。

　その辺りの判断内容と結果を詳しくお話ししていきましょうね。
それで、君の不満を同時に解消すればいいでしょう？

　ラジャー。

2 災害の概要

　　この災害は、地下駐車場にハロン1301というガスを使った消火設備が設置されたビルで、何者かが故意に消火設備の起動装置を作動させた事例です。

覚知日時：6月21日（火）15時56分の119通報

発生場所：S区E町43番地Kビル地下1階（耐火6／1階建）

　　　　　Kビルは幹線道路に面した事務所ビルで、地下1階部分に駐車場が設置され、車両専用リフトで地上出入口に通じている。

　　　　　Kビルの周辺は、北側が片側1車線の幹線道路に面し、付近は事務所や商店、飲食店が密集した市街地となっている。

119通報内容：

　①　地下駐車場のハロゲン化物消火設備が作動して警報機が鳴っている。

　②　自動火災報知設備は発報していない。

　③　駐車場出入口に設置された消火設備の起動装置が開けられ、ボタンが押されている。

出場指令内容：

　　　　　ハロゲン化物消火設備の作動。集結場所はU消防署W出張所

15時の気象状況（観測値：消防本部）：

　　　　　曇り、風位風速南南西の風4m、気温27.3℃、実効湿度70％

事故概要：住所不定の男性（36歳）が、地下駐車場のハロゲン化物消火設備の起動ボタンを押したため、消火ガス（ハロン1301）が全量（68Lボンベ×14本）放出し、駐車場内にハロゲン化物が充満している状態で119通報があった。

逃げ遅れ・傷病者等：

　　　　　通報時、ビルには81名が勤務していたが、消防隊到着時には全員屋外に避難しており、逃げ遅れや傷病者は発生していない。

出場隊（特命）：

　　　　　ポンプ隊3隊、特殊災害部隊1中隊（2隊編成）、指揮隊2隊、救急隊1隊、特殊災害機動部隊4隊16名

消防隊の出場状況：

　①　所轄指揮隊、救急隊、ポンプ隊、H特殊災害部隊は、W出張所に集結して指令番地に再出場した。

　②　特殊災害機動部隊は、指揮本部長命令により、集結場所に向かわず直接指令番地に出場している。

現場到着時の状況：
① 消防隊は、ビル北側正面出入口付近の幹線道路上に部署した。
② ビル出入り口の横にある駐車場入り口に設置された放出表示灯がフリッカーしていた。
③ ビルに勤務する社員81名が、ビル南側空地に全員避難していた。
④ 地下駐車場内の逃げ遅れ者については、ハロゲン化物が充満しているためビル管理者による確認は不能であった。

実は、この事故現場の地下駐車場内に最初に進入したのは、私の班だったんです。

ホウー、そうでしたか！
地下駐車場の中はどのような状況でしたか？

まず、駐車車両の内部や人が入れる通路部分を検索しましたが、地下には逃げ遅れ者はありませんでした。

測定器は何を持って入ったのですか？

最初はフロンガス用のドレーゲルガス検知管だけです。
アキュロポンプを1回握っただけでオーバーゲージ（1,000ppm以上）して表示が振り切れてしまいました。

フロンガスの場合は、接触燃焼式の測定器（例：理研計器（株）のマルチガス測定器）やHAPSITE®（可搬式GC-MS）は使えませんし、当時はフロンガス用のドレーゲルガス検知管は高価で特殊災害機動部隊にしか配置されていませんでしたからね。

FTIRは使えたのですが、結果が出るまでに時間が掛かるので、人命検索時はドレーゲルガス検知管のほうが手早いと思ったのです。

機動部隊の隊員は、隊長が下命しなくても測定器の取扱いに習熟しているので、行動が速いですね。

毎当番、訓練していますからね。

では、消防活動の状況を見てみましょう。

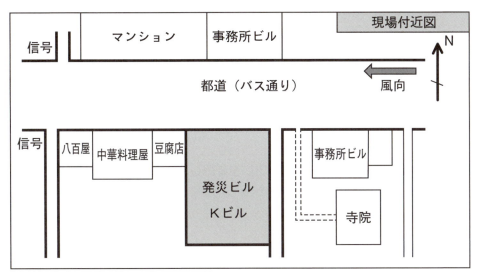

3 消防活動状況（その1：現場の災害状況把握と人命検索活動）

① 所轄のU指揮隊は、Kビルの北側道路の歩道上に指揮本部を設置しましたが、機動部隊長の進言で、消防隊の進入路の障害にならない場所に移動しました。
② 指揮本部長は、H特殊災害部隊長と機動部隊長に対して、地下駐車場内部の人命検索とハロゲン化物濃度測定を下命しました。
③ その結果、地下駐車場には逃げ遅れはありませんでしたが、内部空間には高濃度のハロゲン化物が滞留していることが分かりました。
④ また、ハロゲン化物のボンベや配管に凍結した霜の付着が確認され、ハロゲン化物が放出されたことが確認されました。
⑤ 指揮本部長と機動部隊長が検討した結果、救助活動の必要はないため、滞留したハロゲン化物の排出による危険排除を活動方針としました。
⑥ 内部進入隊は、空気呼吸器と、レベルBの毒劇物防護衣の着装を義務付け、装備を着装しない隊員の内部進入を規制しました。
⑦ この段階で、ビルの地下1階に通ずる出入口に毒劇物危険区域を設定しました。
⑧ 指揮隊の情報班が持参したビルの平面図と設備資料により、ビルの構造とハロゲン化物の排出用換気設備の設置状況を調べた結果、排出口はビルの屋上に設置されていることが判明し、ビル設置の換気装置を作動させても周辺の環境影響は少ないと判断しました。
⑨ しかし、地下に滞留しているハロゲン化物は空気よりも重く、その量も120㎥を超える

> ため、機動部隊の排煙高発泡車（以下「CX」という。）を使った大量送風による短時間活動を決定しました。

ハイハイ！　質問していいですか？

どうぞ！

⑧で、ビル設置の換気装置の排出口を確認して、その装置で地下の換気をすれば周囲への環境汚染の影響が少ないと判断したのに、CXによる短時間活動を同時に行ったのはなぜですか？

この現場に面する道路は、この地域の動脈といってもいいほど交通量の多い道路なのです。
　このときも、消防隊が道路上に多くの大型車両を部署させて、長時間の片側通行状態を続けることで、周辺道路に及ぶ広範囲の渋滞を起こしていました。
　消防活動時間をできるだけ短縮することで、社会生活への影響を少なくしようと考えたのです。

ハロゲン化物による毒劇物危険区域は、地下空間が高濃度のハロゲン化物が滞留することで酸欠状態になっていると判断したからでしょうか？

　現場で具体的に**ハロゲン化物の噴出量から内部空間の酸素濃度を推算したわけではありません**※が、ハロゲン化物そのものの人体毒性に加えて、酸素濃度もある程度低下しているとの判断をしました。

　※後日、放出ハロゲン化物体積：123.2㎥と防護区画内容積：2,280.29㎥（現地建物図面）からハロゲン化物濃度と酸素濃度を推算した結果、ハロゲン化物濃度＝5.403％、酸素濃度19.771％となりましたので、地下1階内部は酸欠状態ではありませんでしたが、ハロゲン化物濃度が消火可能濃度の5.403％ですから、ACGIH（米国産業衛生専門家会議）によるIDLH（Immediately Dangerous to Life or Health ➡直ちに生命及び健康を損なうおそれがある濃度）＝40,000ppmを遥かに超えた濃度であり、空気呼吸器が必要な空間であったことを確認しました。

4 消防活動状況（その2：危険排除活動・前半）

① 地下1階の活動隊は、H特殊災害部隊と機動部隊とし、フロンガス用ドレーゲルガス検知管を使ってハロゲン化物濃度を定期的に測定し、内部の環境をモニターすることとしました。
② 地上では、機動部隊がCXの送風ダクト設定作業を行いました。
③ 指揮本部長は機動部隊長の進言により北側道路のビル側に面する片側車線の交通規制を警察に要請し、Kビルのある街区を挟む2か所の交差点で、片側通行にしました。
④ この理由は、大量送風によって、地下に滞留したハロゲン化物が地上に流出するため、付近一帯がハロゲン化物の影響を受ける危険を考慮したものです。
⑤ さらに、Kビルの直近にある商店と中華料理店に、消防活動完了までの間、営業を停止していただくこととし、対象となる店の関係者への説明を実施しました。
⑥ また、交通規制をした道路の歩道も一般歩行者の通行を規制しました。
⑦ この段階で、毒劇物危険区域は、ビル周囲とビル北側の道路の片側車線に拡大しています。

商店や中華料理店の営業を中断させたのはなぜでしょうか？

フロンガスは、高温物体に触れて温度が上がると（400℃以上）、非常に人体毒性の強い熱分解ガスが生じます。特にハロン1301は、臭素を含んでいますので、熱分解すると塩化水素やフッ化水素に加えて猛毒の臭化水素が発生します。
　中華料理は大きな火力を使いますから、その熱や炎にハロゲン化物が触れると、重大な二次災害が起きる可能性があると考えました。

もう一つ。
ビル側に面した片側車線だけを通行止めにした理由は何でしょうか？

中華料理店と同じ理由です。
　道路上に流れ出したハロゲン化物が車のエンジンに吸い込まれてガソリンと一緒に燃焼すると同じことが起きると考えましたので、全面通行止めとすることも検討しました。
　しかし、交通規制はできるだけ狭い範囲で行いたいとの警察側の要望で、より危険性の高い片側だけを規制していただいたのです。

先生の予測が当たっちゃったんですよねー。
CXがとんでもないことになっちゃいました。

では、その後の活動状況を見てみましょう。

5 消防活動状況（その3：危険排除活動・後半）

① CXによる送風を行うに当たり、地下と地上の駐車場出入口にH特殊災害部隊と機動部隊員を配置し、ドレーゲルガス検知管による定期的な環境測定を行う体制を敷きました。
② CXによる送風を開始して数分後、ビル正面の駐車場出入口リフトの開口部から塩素臭を含んだ空気が流れ出しました。
③ この直後に、消火設備の業者が到着し、業者に消防隊の空気呼吸器を着装させて建物設置の換気ファンを起動していただきました。
④ さらに、送風中のCXのマフラーから強い刺激臭を持った濛々たる白煙が噴出して周囲に広がり始めました。
⑤ 事態はそれにとどまらず、CXの後部ステップの板金がみるみるうちに赤錆に覆われ始めてしまいました。
⑥ 特殊災害部隊長は、CXによる換気作業を中止させて、小型の可搬式送風機による換気活動に切り替えることを指揮本部長に助言し、活動方針を変更していただきました。
⑦ 時間を掛けても屋上の排気口によるハロゲン化物の排出に切り替えました。
⑧ CXのマフラーで排気ガスを測定した結果、塩化水素を検知しましたが、ドレーゲルガス検知管が振り切れて測定不能（50ppm以上）でした。つまり、CXのエンジンがハロゲン化物を吸い込んで燃料と共に燃焼し、ハロゲン化物の熱分解ガスが発生したわけです。
　幸い、反対車線を通行する一般車両の排気ガスには異常が見られませんでしたので、ビルの直近に部署していたCXのエンジンだけが影響を受けたようです。
⑨ 地下のハロゲン化物の濃度も次第に低下し、地上部分の塩化水素も反応なしとなりましたので、換気による危険排除活動を終了し、指揮本部長に毒劇物危険区域と交通規制の解除を助言しました。

特殊災害部隊が活動を終了したのは、覚知時刻から3時間半を超えていました。幸い人的被害はありませんでしたが、交通や付近の事業者への影響は小さくなかったと思います。

この活動で設定したゾーンは毒劇物危険区域だけで、消防警戒区域や除染区域などは「必要がなかった」というか、そういった状況にはなりませんでしたね。

実際にハロゲン化物が流出した屋外では、フロンガス独特の臭気はありましたが、現場のビル正面の人の立入を規制するだけで済みました。
　結果から判断すると、この時のゾーン設定で大きな影響は避けられましたが、冷静に考えると、判断を誤った点もあると思います。

　隊舎に戻ってから、整備工場にCXを持っていったとき、「ウワー！　派手にやってくれたねー」と嫌味を言われました。
　車体後部の見える範囲だけでもひどい赤錆が発生していましたし、エンジンがハロゲン化物を吸い込んでいるので、車両全体のメンテナンスが必要だったのです。

　そのことを反省すると、この現場に広がったハロゲン化物のリスクを過小評価したと思います。
　やはり、警察の要請があったとはいえ、屋外の毒劇物危険区域は片側だけではなく全面通行止めが正しかったのではないかと反省しています。

　風下側の八百屋さんと中華料理屋さんに営業を中断していただいたので、ハロゲン化物の人的な影響が発生しなかったのでしょう？

　この災害の条件で机上演習をすると、毒劇物危険区域の範囲内の住民や勤務している人全員に避難指示を出すべきだったかもしれません。
　実際には風があったので、人的被害を出すレベルの濃度に達しなかったのですが。

　CXが屋外であれほどダメージを受けたことを思うと、その反省は当たっているかもしれませんね。

　ゾーニングの実際は、災害の実態や、その時の気象状況、現場の地理的条件や街区の営業実態をよく考えて判断するものだということが理解できるかと思います。
　危険排除活動移行後の二次災害のゾーン設定とハロゲン化物の危険性評価は、正直申し上げて適切ではなかったと思います。

　ハロゲン化物だけなら、毒劇物防護衣の必要はないと思いますけど、熱分解ガスの影響を考えて着装をさせたのですか？

　そうです。
　塩化水素や臭化水素、フッ化水素は水に溶けますからね。汗をかいた隊員の皮膚に付着して影響を及ぼす危険を考えました。

6 活動方針の決定に関して

　結論として、この事例の現場での活動方針は、どのようなことに留意すればよいですか？

　まず、活動の全体像を大まかに頭の中に描いて、方針を決定します。
　大抵のNBC災害では、**①人命救助・救護と②危険排除の2つの局面**があります。
この事例の場合は、「**初期の情報でビル内部の社員は屋外避難完了**」という情報がありましたから、人命検索範囲は、呼吸保護器具を持っていない社員が内部に入れない「**ハロゲン化物消火設備の防護区画内のみ**」と判断できます。
　以下に、局面の推移に応じた指揮判断内容を、順を追って述べますね。

(1) 大まかな活動方針
- **地下1階の人命検索と、ハロゲン化物放出状況の把握**
- **地下に滞留したハロゲン化物排出の危険排除**

そして、地下1階の進入隊の班編成や防護装備を決めます。

(2) 地下1階進入隊の具体的な活動方針
- **ハロン1301そのものの危険性を公表データ※1から正確に把握すること**
- **フロンガス用の測定器（ドレーゲルガス検知管など）を携行すること**
- **ガルバニ電池式酸素濃度計※2で、内部の酸素濃度のモニターをすること**
- **進入隊は、毒劇物防護衣（レベルB）＋空気呼吸器**

※1　ACGIHのTLV-TWAとIDLH、日本産業衛生学会の許容濃度など
※2　マルチガス測定器のセンサーは接触燃焼式のためフロンガス中では禁忌。
　　可搬式GC-MS（HAPSITE®など）も禁忌

(3) 危険区域のゾーン設定
　地下1階の活動における毒劇物危険区域は、ハロゲン化物が放出された防護区画のみですから、
- **地下に通ずる階段やエレベーター、駐車車両の出入口に毒劇物危険区域の境界線を設定し、毒劇物防護衣と空気呼吸器を着装しない指揮者・隊員、一般人の進入統制を行う。**

(4) 危険排除時の活動分担
　毒劇物危険区域内部と、ガスの排出口付近に、ハロン1301と酸素の濃度をモニターする環境測定班を配置する。このとき、フロンガス用に使える測定器は限定されるので、ドレーゲルガス検知管が不足しないように、消防本部を通じて調達しておく。
- **特殊災害部隊を中心とした環境測定班を必要箇所に配置し、排気設備が起動したら、定期的に測定結果を指揮本部に報告させる。**
- **ビル管理者又は消防設備業者に対し、ビル設置の防護区画内の排気装置を作動させる（このとき、排気装置を起動させる者に消防の空気呼吸器を貸与し着装させる。）。**

- 車道や歩道の交通規制範囲を警察と協議の上、排出ガスの影響が及ぶおそれのある地上部分に毒劇物警戒区域を設定する。
- 地上の毒劇物警戒区域の主な境界線に、消防隊や警察官を配置して、車両や歩行者の立入規制を行う。
- 危険区域内にある飲食店、店舗、事務所などの事業者に対し、営業の中断、一時避難又は開口部の閉鎖を勧告する。
- 消防隊や一般市民が、眼や呼吸器官の痛み、気分の悪さを訴えた場合に備え、指揮本部の風上側に現場救護所を設置する。
- 指揮本部長は、環境測定結果の報告に基づき、ガス濃度や酸素濃度が正常値に達したと判断したときは、危険排除活動を終了するとともに、消防本部、全活動部隊、市民、事業者に対し、毒劇物危険区域の解除を宣言する。

 何だか、活動要領の解説っぽくなっちゃいましたね。

 このお話の中では、「ドレーゲルガス検知管による測定」などと端的な表現をしていますが、実際にはかなり高度な測定技術を必要としますので、測定器の取扱いは普段から訓練をしておく方がいいですね。

 ガスを吸引して、時間が経つと目盛の位置が変わっちゃいますから、すぐ読まないとね。

 お話でも触れましたけど、原因物質によっては使ってはならない測定器もありますから、取扱説明書をよく読んで、諸元性能を正しく理解した上で、使い方に習熟することが重要です。

 最近、部隊に配属された隊員の中には、現場の危険性を評価するには、測定器だけが必須で、測定器があればいかなる現場のリスク評価もできると信じている人がいますけど、それも問題ですよ。

 NBC災害対応の勉強に熱心なのに、実災害経験が不足していると、そのようなことが起こります。

 大体において、現場で測定器がヒットすることなんて滅多にありませんからね。

 消防隊が現場到着するまでに、風や換気装置で希釈されてしまうので、測定限界値に達しない場合が多いですね。

7 ゾーンニングの実際

　冒頭でも触れましたけれど、実際に街中でゾーンを設定する場合、図面上に線を引くように簡単ではありません。

　ホットゾーン、ウォームゾーン、コールドゾーンとかいっても、だだっ広い訓練場や原っぱでもない限り、無理ですよね。

　まずは、現場が比較的小さい建物の屋内であれば、その建物の中だけを危険区域にするだけで十分ですね。
　高層ビルのような建物であれば、該当する階のみとか、○階から○階までとか、限定された階層だけでも OK です。

　以前に、爆弾にセシウム137の粉末100TBq（テラベクレル）を仕込んだダーティ・ボム想定の図上訓練に参加しました。
　その時の最初の境界線設定に、IAEA の**「放射線緊急事態において推奨される危険区域半径（安全境界線）」**を使って、何が何でも400m手前で集結場所を作ってしまう方々が大勢いらっしゃいました。

状　　　　況	初期の内側警戒区域 （安全境界）
初期の決定－屋外	
非密封又は破損した危険な放射線源の可能性がある物質注1	周辺30m注2
危険な放射線源の可能性のある物質の大量流出	周辺100m注2
危険な放射線源の可能性のある物質の火災、爆発又は煙	半径300m注2
爆発した、又は未爆発の爆弾（放射性物質拡散装置の可能性）の疑い	半径400m注3

初期の決定－屋内	
危険な密封線源の可能性のある物質の遮蔽の破壊又は漏洩	影響を受けた場所及び隣接区域（上下階を含む。）
危険な放射線源の可能性のある物質が火災その他の事象により建物全体に拡散（例えば換気系統を通じて）する場合	建物全体及び上に示す適切な屋外の距離
放射線モニタリングの結果に基づく拡大 注4	
空間線量率100μSv/h 注5	このレベルが測定される全ての場所

表　放射線緊急事態における内側警戒区域（安全境界線）の半径の提案

　実際の安全及び防護境界線は、容易に設定、識別できる（例えば道路など）手段によって明確に示されるべきである。しかし、安全境界線の位置は、放射線評価者により状況が評価されるまでは、表に示すように十分な距離を離すべきである。

　初期対応者（消防部隊や警察部隊）は、必要に応じて表（省略）及び図（省略）に示される施設及び区域を設定しなければならない。

注1　潜在的な危険放射線源の発見方法については、Instruction 1（省略）を参照すること。
注2　深刻な確定的健康影響をもたらす非常に大きな放射線源（例えば、100TBqの^{137}Cs）による外部被ばくから防護するために勧告する離隔距離の半径は、リファレンス6（省略）と同じである。
注3　爆発破片（放射性物質の破片を含む。）から防護するため。
注4　線量率は、全ての被ばく量を評価するものではなく、内側警戒区域の拡大の基礎データとしてのみ使用すべきであり、区域の縮小のために使用すべきではない。放射線評価者のみが放射線危険に関する全体の評価をすることができる。放射線評価者だけが放射線の状態に基づいた区域の縮小ができる。
注5　空間線量率は、地面あるいは対象物から1mの離隔位置で測定される。

※放射線緊急事態において推奨される危険区域半径（安全境界線）　IAEA「Manual for First Responders to a Radiological Emergency」EPR-First Responders　11頁　2006

　それは、そのセミナーの前の段階で行った講義で、この境界線の意味を正確に解説しなかったのが原因です。
　「放射線緊急事態において推奨される危険区域半径（安全境界線）」の記述の注には、「爆発した、又は、未爆発状態の爆発物の可能性がある物体（放射性物質の破片を含む。）に対する屋外における初期放射線危険区域」と解説されているのです。

　つまりは、爆発片が飛散すると予測される範囲を400mとして設定した基準なのですか？

　机上演習では、T市のI駅前でダーティボムが爆発する想定です。
　I駅の爆発位置と消防隊が集結する場所との間には、大型ショッピングセンターや

超高層マンションが立ち並んでおり、二次爆発が起こったとしても爆発片が飛来するおそれがほとんどない条件なのです。

演習に参加された各班の皆様は、声をそろえて、駅から400m以上離れた場所にこだわって部隊の集結場所や指揮本部の設定を主張していました。

単純に爆発現場が真っ平らな砂漠にあるのでしたら、400mでもよいでしょうが、狭い敷地にギッシリと高層建物が立ち並んだ街中なら、その街区の特徴をいろいろと想像して、できるだけ現場へのアクセスが楽な場所に、指揮本部を設定するのが当たり前です。

催涙スプレーで、何十人もの被災者が発生した事件では、事件発生場所の隣のビルのエントランスに指揮本部を作りましたよね。

あの時は、真冬の降雪の中で起きた事件だったので、寒さしのぎにお隣のビル管理者にお願いして、1階フロアのエントランスをお借りしたのです。

会社の受付嬢さんが、熱いコーヒーをポットごと指揮本部に届けてくださいましたね。

そんなこともありましたね。
輝くように美しい方でした。受付嬢は…… ♡
♪あかねさす　紫野行き　標野行き　野守は見ずや　君が袖振る♪

オッ！　**額田王**ですね？

ゾーンの境界線の設置は、地形や街区の建物、道路、交差点など、一目見渡して誰にでも境界線と分かる目印を利用して設定するのが実際的です。

NBC災害出場のときは、小規模な災害出場であっても大型車両がたくさん道路上に部署しますから、活動拠点を確保する意味では、信号機のある交差点を利用すると警察官による交通規制の恩恵にあずかるケースが多いですね。

被災者や傷病者が多数発生している現場では、信号機のある四つ角を利用してゾーン設定をすると、ゾーンに進入しようとする車両を他の方向に迂回させることができますから、社会的影響を少なくできるメリットがありますね。

多数の傷病者が発生したときは、救急隊を一方通行的に進入・搬送をして、傷病者を効率よく搬送できるように交通規制をしていただくと有り難いです。

　ゾーンニングの実際は、現場周辺道路、建物、地形、寺院のような広場をもつ施設、１階部分に広いエントランスをもつビルや会社など、既存の地物を利用して設定します。

　寒い冬でもそうですが、猛暑の中で防護服を着て活動する隊員の体力の消耗は並大抵ではありません。活動拠点が冷房の効いたビルの中だったら最高ですね。

　真夏の屋外で、毒劇物防護服（レベルＢ）を着て活動すると、特別救助隊長レベルの方でも30分たつと熱中症が始まって行動が不安定になってきます。
　真夏は、１回の活動は30分間以内で休憩させないと危険です。

　そのような意味でも、活動に適したゾーン設定をして、隊員の休憩場所やボンベ交換などの資器材管理がしやすい場所を確保する配慮も必要ですね。

　ゾーンニングをする際に、もう一つ重要なことがあります。
　それは、「設定するゾーンごとの決め事」があることです。
- **危険区域内での隊員の防護装備の統一**
- **進入・脱出管理をする専任部隊の配置**
- **出入口に汚染拡大を制御する資器材の設置**
- **隊員の活動時間を管理する指揮者の配置**
- **ゾーンの境界線上における要救助者（傷病者）の引継ぎ手段の意思統一**
- **新たなゾーン設定、ゾーンの解除時における設定者名・場所・時刻の周知**

　これらは、隊員の安全管理、汚染拡大の防止を実現するために、必ず設定すべきルールの例です。
　しかも、これらのルールは、現場で活動する全ての部隊（警察官、緊急医療チーム、自治体職員、自衛官などを含む。）に周知徹底されなければなりません。

写真10　警察の機動隊と消防隊の連携活動

写真11　陸上自衛隊・化学防護隊と消防隊の連携活動

と、いうことは、ゾーンを設定したり解除したりするときは、必ず消防本部の指令管制を通じて、災害に関わる全ての機関の、全ての活動隊員に周知するということですね？

そのとおりです。よくできました!!

第8話 放射線防護のはなし

第8話で学習すること
- ☑ 放射線、放射能、放射性物質などの用語の意味
- ☑ 放射線の種類（放射線とは何か）
- ☑ 「被ばく」と「汚染」、外部被ばく、内部被ばく
- ☑ 放射線防護三原則（時間、距離、遮蔽物の利用）
- ☑ 確定的（健康）影響と確率的（健康）影響

1 「放射線」の学習

　君は、今の部隊に配置される前に、化学災害技術に関する研修を受けていると思いますが、その中で放射線や放射性物質のことは、どのくらい学習しましたか？

　ハイ！　緊急被ばく医療ご専門のA先生に放射性物質と放射線の性質についてのご講義を受け、M先生から緊急被ばく医療のご講義を受けました。

　A先生もM先生も、その方面では多くの実績をお持ちになる、日本では第一人者の先生方ですね。

　どちらの講義の内容も盛りだくさんで、とても面白かったです。
　ですが、福島第一原子力発電所の事故や、たまに起こる放射線源の無断投棄事件などの報道や資料を読んでも分からないことばかりで、あまり自信がないので困っています。

　どういったところが分からないのですか？

　まず、ベクレル（Bq）やシーベルト（Sv）などの単位がどのような内容なのか頭の中で整理されていませんし、「放射線」と「放射性物質」の区別がイマイチです。

　例えば「被ばく」と「汚染」の違いを説明できますか？

いいえ！　無理無理！！　絶対無理！

　分かりました。
実は、私自身も放射線関連の知識はそれほど深くありません。
そこで、この話では私と君とで、放射線の基礎的なことを一緒に勉強しませんか？

　「勉強」といっても、どんなふうに？

　人気番組の「大喜利」のような掛け合い風ではいかがでしょう？

　ウーン！　微妙ですけど……。

　大丈夫！
キチンと真面目にやりましょう。

❷ 放射線を学習するときの用語理解

　以前、世間では福島原子力発電所の事故の影響で、他の街に移住された避難者の方々が、移住先の地域や学校で「差別」に遭ったというニュースを聞きましたが、どうしてあのような悲しい差別が起こるのでしょうか？

　避難者の方々が遭遇されていることに限らず、「差別」は「差別をする側の人間の心の闇」や、それを取り巻く指導者が適切な対応をすることから逃げることによって引き起こされると思います。
しかし、原子力発電所事故関連の避難者に対する差別は、突き詰めるところ差別をする側の人間の、「無知・無学」が直接的な原因です。

　先生！　目が怖いです。怒っていらっしゃるのですね！

　ハイ！
「怒り」と「悲しみ」と「無念」でイッパイです。
私たちは、この思いを冷静に考えて、まず放射線や放射性物質の「正しい知識」を

身に付ける努力をしましょうね！

同感です！

まず、放射線の基礎の部分をおさらいしましょう。
次の表1と表2を見てください。「放射線」「放射能」など報道や資料で出てくる用語を簡単に言い換えると、このようになります。

放射線	放射能
・ 放射性物質が放出するエネルギーのこと ・ 高いエネルギーを持つ粒子や電磁波（光） ・ α線、β線、γ線、中性子線、X線などがある ・ 単位は、1 kgの物質が放射線を吸収するエネルギー：グレイ（Gy） ・ 吸収する物質を人体に置き換えた場合：シーベルト（Sv） ・ この数値が大きいほど、多くの放射線が吸収されたことを示す	・ 放射性物質が放射線を出す能力 ・ 単位は、ベクレル（Bq） ・ この数値が大きいほど、放射性物質から多くの放射線が放出されていることを示す

表1　放射線と放射能

放射性物質
・ 放射線を放出する能力を持つ物質のこと ・ 放射線源、単に「線源」、放射性同位元素とも呼ばれる ・ 気体状、液体状、固体状などいろいろな形状がある

表2　放射性物質

上表の参考資料：
- 鳥居寛行ほか　『放射線を科学的に理解する―基礎からわかる東大教養の講義』　丸善出版　2013
- 放射線医学総合研究所　国民保護CRテロ初動セミナーテキスト

ここまでのことで、何か分からない点はありますか？

表1のグレイ（Gy）とシーベルト（Sv）は、よく見聞きしますが、どのような違いがあるのですか？

表に書いたように、シーベルトは人体が放射線を受けたエネルギーの単位で、厳密には人体でも受けた場所（皮膚や臓器）によって受けた放射線の影響の度合いが違いますので、その数値が少し変わります。

しかし、ここでは同じ意味と理解しても差し支えありません。

もうチョット具体的に教えてください。

放射線を赤外線に置き換えて、ストーブにあたる情景を想像してみてください。

人がストーブのそばにいると、ストーブが放出する赤外線で暖かく感じるだけですが、そばにアイスクリームを置くと、溶けてしまいますよね。

同じ性質で同じ強さの赤外線を浴びたとき、人体とアイスクリームでは受ける影響が目で確認できるほど違います。

同じ強さのエネルギーを持つ放射線でも、照射されるモノによって受ける影響が違うので、グレイとシーベルトを使い分けているそうです。

ナルホド！　納得です。　もう一つ。

表1のところで、「放射線がエネルギーだ」という部分が何か漠然としていて感覚的にどういうものか意味をつかめません。

では、まずおもな放射線の分類の表を書いてみましょう。

3 放射線の種類（放射線とは何か）

おもな放射線の種類	どこから出てくるか	実態は何か		補足
α線	放射性物質の原子核	荷電粒子	ヘリウムの原子核	物理的性質は同じ
ヘリウム線	加速器			
β線	放射性物質の原子核		電子	物理的性質は同じ
電子線	加速器			
中性子線	放射性物質の原子核	粒子	原子核中の中性子	―
γ線	放射性物質の原子核	光子（電磁波）	―	―
X線	原子核外で起こる相互作用		―	―

表3　放射線とは何か

この表3の中に、**α線とヘリウム線、β線と電子線**が同じくくりで書いてあります。

放射線の参考書や資料を読むと、「電子線」という言葉が出てきます。β線と何が違うのか分かりませんでしたが……。

例えばα線は、ご覧のように「ヘリウムの原子核そのもの」、つまり**電気を帯びた小さな粒子（荷電粒子）**です。β線と電子線は「電子」で、これも**電気を帯びた小さな粒子**です。
α線とβ線は、放射性物質の原子核から飛び出しますが、ヘリウム線と電子線は人工的に作った加速器から作られます。その出所の違いだけで、中身はそれぞれ同じものです。

中性子線も粒子なのですね？

そうです。
ただし、**中性子はその名前のとおり、電気を帯びていない粒子**です。

中性子は電気を帯びていないのに、なぜ電離放射線なのですか？

そこは不思議に思いますよね。私も勉強するまでは、そう思っていました。
放射線（電離放射線）が人体に影響を及ぼすのは、物質を電離※する性質を持つからですが、電気を帯びていない中性子線が人体や物質を電離するのは、**中性子が生体中の物質の原子核に吸収されていくつかの電気を帯びた粒子を叩き出します。その叩き出される粒子の中で最も多いのが陽子です。結果として叩き出された陽子が物質を電離して影響を与えます。**
※原子の軌道電子が、その原子の拘束力から解き放たれて遊離すること。

つまり、中性子は直接物質を電離するのではなく、間接的に電離して人体に影響を及ぼすのですね？

そのような理解でよいと思います。
物質の原子核は、陽子と中性子の塊ですが、陽子と中性子は質量が陽子とほぼ同じですので、両者が衝突すると陽子を弾き出しやすいのでしょうね。

先生は、今のような知識をどこで学習されるのですか？
　本屋さんに並んでいる放射線の参考書を読んでも、いま先生がおっしゃったような分かりやすい解説を見たことがありません。

　私は、以前の仕事上でお世話になったプロの先生方がたくさんいらっしゃるので、分からないことがあると質問して教えていただくことが多いです。

　ウラヤマシイですね。でも、ソレって、夕方から酒を飲みながらがほとんどじゃないですか？

　歴史は夜作られるのです。
　優れた解説が掲載されている市販の参考書もいくつかありますよ。
　私は、『放射線を科学的に理解する』という本を読んでいますが、著者の先生方が運営しているサイトがあって、本の中では書ききれない詳しい解説や図表が満載なのです。パソコンと同時に見ながら勉強すると、とても理解しやすくなりますよ。

④ 「被ばく」と「汚染」の違いを理解する

　よく、「放射能に汚染されている」とか「放射線を被ばくした」という表現が使われますけど、特に、先ほど話に出た「差別」では、「被ばく者から放射能がうつる」という意味の差別を受けることが多いようですが。

　まず、「被ばく」という用語は、2つの意味があります。

外部被ばく	内部被ばく
・ 体の外から放射線を照射された場合	・ 体の中に放射性物質が取り込まれた場合、体内で放射性物質が放出する放射線に照射される
例： ① レントゲン検査で体外から、X線を照射される場合 ② 放射線の入った容器などに接近したとき、放射線を体の外から照射される場合など	例： ① 空気中に浮遊する放射性物資を吸入して体の中に入った場合 ② 食べものに付着した放射性物質を食べて、体の中に取り込まれた場合

表4　「被ばく」とは

つまり、「被ばく」とは、人体の外側から放射線を浴びることや、呼吸や食事によって、体の中に取り込まれた放射性物質が放出する放射線を体内で浴びることをいうのですね？

そのとおりです。
補足しますが、「内部被ばく」は、体の中に放射性物質が取り込まれて起こる被ばくですが、体の中を放射性物質に「汚染される」という表現も間違いではありません。

健康診断で、レントゲン検査を受けるときX線を照射されますけど、そのときも被ばくしているのですか？

そうです。
病院で受けるレントゲン検査、CTスキャン検査は、全て透過力の強いX線を使って病巣の有無や骨折の部位などの確認をしますが、X線も放射線の一種（波長の短い電磁波）ですから被ばくをするのです。

X線の照射による健康への影響はないのでしょうか？

X線検査などの医療被ばくに限らず、地球上の生物は元々自然界に存在する放射線※を常時浴びています（太陽から放射される宇宙線など）。

※岩石、食品などに含まれる自然の放射性同位元素、人体内部に存在する放射性同位元素など。また、地球外から飛来する宇宙線によって、旅客機で旅行する場合や、国際宇宙ステーションに滞在する宇宙飛行士も地上で生活するときよりもはるかに多くの被ばくをする。

検査の種類	1回の検査時の被ばく量（mSv）
胸部レントゲン（間接撮影）	0.78
胸部レントゲン（直接撮影）	0.07
四肢・関節レントゲン	0.05
上部消化管（胃カメラ）	3.4
下部消化管（大腸カメラ）	7.4
CTスキャン	7.4
経皮経肝胆管造影法（PTC）	11.9

UNSCEAR（原子放射線の影響に関する国連科学委員会）2008
「医療先進国におけるX線検査当たりの実行線量」より
表5　健康診断時の医療被ばく

身の回りの放射線（世界の年間平均被ばく線量）

自然界にある放射線	年間の被ばく線量（mSv/year）
宇宙から（宇宙線）	0.39
地球の大地	0.48
食物からの摂取	0.29
空気中（ラドン）	1.26
合計	2.42

UNSCEAR（原子放射線の影響に関する国連科学委員会）2008より

人体内にある放射性物質	存在量（Bq）
炭素（^{14}C）	2,500
ルビジウム（^{87}Rb）	500
カリウム（^{40}K）➡男	4,000
カリウム（^{40}K）➡女	3,000
鉛（^{210}Pb）・ポロニウム（^{210}Po）	20

放射線科学センター　「暮らしの中の放射線」より

表6　暮らしの中の放射線

　専門書を紐解くと、レントゲン検査や自然界の存在する放射線による被ばくのことを「低線量被ばく」と呼ぶそうで、「健康への影響はほとんどない」とされています。

「全くない」ではなく、「ほとんどない」なのですか？

そうです。
この「健康への影響」のことは、この後で詳しくお話ししましょうね。

分かりました。

もう一つの用語に「**汚染**」があります。
　物体（空気や水、粉末、固形物）に放射性物質が含まれている場合に、その物体に触れることによって**放射性物質が体の表面に付着することを「汚染」**といいます。

チョット待ってください！
さっき、「内部被ばく」のところでも「汚染」の説明がありましたよね？
体の中で起こることは、「被ばく」も「汚染」も同じ意味なのですか？

そこが分かりにくいところです。
「内部被ばく」は、取り込まれた放射性物質で①臓器が汚染され、その放射性物質によって②被ばくが起こる、という2つのプロセスです。

すると、体の表面に付着した放射性物質による「汚染」は、体の表面に放射性物質が付着することで、①体表面が汚染され、②その付着した部分が被ばくする、ということになりますね？

そうです。
つまり、体の外でも中側でも、放射性物質が付着することが「汚染」です。

この解説を、私たちが放射線事故現場で生かす場合、どのような違いがあるのでしょう？

放射線事故現場での、隊員の防護装備を考えてください。
「被ばく」の場合、放射性物質がα線やβ線だけを放出する線源である場合は、防護服の素材や厚みの条件がよければ、防護服を着装することで、表4の「外部被ばく」を防ぐことができます。
しかし、放射性物質がγ線や中性子線を放出する物質であれば、防護服で外部被ばくを防ぐことは不可能です。

一方、「汚染防護」を考える場合、化学防護服と空気呼吸器や防毒マスクを着装すれば、体表面への直接放射性物質の付着（体表面汚染）、体内への放射性物質の侵入（体内汚染＝内部被ばく）を防護することが可能です。

ああ、そうか！
私たちの消防本部で、それまであった放射線防護服と鉛ベストの使用が取りやめられて、軽量な簡易化学防護衣を放射線事故用の防護服に変更されたのは、体表面汚染と内部被ばくから守ることだけに特化したということですね？

透過力の強いγ線や中性子線による被ばくを防護する方法は、防護服装備では不可能であるため、別の手段で「被ばく線量を活動隊員が健康影響を受けないレベルに止める」方法に変更しました。

それはどういう意味でしょうか？

112 | 第8話　放射線防護のはなし

　研修で習ったはずですよ、放射線防護の三原則を。

5 放射線防護の三原則（時間、距離、遮蔽）

　「放射線防護の三原則」（正しくは「外部被ばく防護の三原則」）消防隊が放射線事故現場で活動する場合、隊員の安全管理の要点は何ですか？

　エエーッと？　「時間」「距離」「遮蔽」です。

　そうですね。よく思い出しましたね。
　時間、距離、遮蔽の具体的な意味を説明できますか？

　「時間」は、放射線を浴びる（被ばくする）時間をできるだけ少なくすること。
　「距離」は、放射線の発生源から、できるだけ距離を置いて（離れた場所で）活動すること。
　「遮蔽」は、できるだけコンクリートや車両の陰で行動すること。
　だったと思います。

　それぞれの理由を考えてみてください。

　ああ、そうか！　放射線を浴びる時間を短くするのは、活動中の積算被ばく線量を、決められた線量限度以下とすることで、被ばくによる体への影響を少なくするためです。

　決められた被ばく線量限度は、10mSv※でしたね。
　※消防活動時の被ばく線量限度は、表7のとおり。
　　出典：消防・救助技術の高度化等検討会　「原子力施設等における消防活動対策マニュアル」　総務省消防庁　2014年3月

区　　分	被ばく線量限度	個人警報線量計の警報設定値
通常の消防活動	1回の活動当たりの被ばく線量の上限値　10mSv以下	10mSv未満の値に設定
人命救助等の緊急時活動	被ばく線量限度　100mSv	30mSv〜50mSvの範囲で設定

| 繰り返し活動を行う場合 | 決められた5年間の線量が100mSv（ただし、任意の1年に50mSvを超えるべきでない） | 左記の条件を確実に満たすように設定する |

表7　消防活動時の被ばく線量限度

そうです。
だから、安全な区域に脱出する活動時間を考慮して、個人線量計のアラームを積算で9 mSv で鳴るようにセットして活動しています。

例えば、被ばく線量が100mSv／毎時の場所で、被災者の救助活動をする場合は、線量限度から考えて何分間の活動が可能ですか？

1時間当たりの被ばく線量が100mSv ですから、6分間です。

- 活動時間をできるだけ短くする
  活動量が多い場合（要救助者が多数等）は交代要員を確保し、隊員の被ばく線量限度を守る
- 放射線源からできるだけ離れる
  要救助者をできるだけ早く放射線源から離す
- できるだけ遮蔽物の陰で活動する
  コンクリート壁、大型車両などの陰を利用する

表8　外部被ばく防護の三原則

よろしい。
では、距離について考えてください。

放射線源がある場所を中心に、その周囲の放射線の強さ（被ばく線量）は、距離の2乗に反比例して、中心から離れるにしたがって弱く（低く）なります。
だから、できるだけ線源のある場所から離れて活動します。

距離の2乗に反比例するということは、被ばくの危険性を考えるとき、具体的にどのようなリスクを考えるべきでしょうか？

線源に近づけば、急激に被ばく線量が高くなる。離れれば、急激に低くなることです。
だから、放射線事故現場では、ノロノロした行動をしてはいけないと教わりました。

そのことを、事故現場に倒れている要救助者の側から考えると、どのようなことがいえますか？

　要救助者をできるだけ早く線源から離れた場所に移動させることで、傷病者の被ばくによる健康影響のリスクを低くできます。
　反対に、傷病者を長時間線源の近くに放置すると、救助しても被ばくによる健康影響のリスクが高くなってしまいます。

　そのことが分かっていると、私たちの消防本部が、放射線防護服を軽量で動きやすい簡易化学防護衣に変更した理由も納得がいくでしょう。

　確かにそうです。放射線事故現場では、陽圧防護衣のように動きが緩慢になってしまう防護衣は向きませんからね。

　では「遮蔽」の意義を考えましょう。

　福島第一原子力発電所で活動した先輩に伺ったのですが、現場は放射線源が１か所ではなく、方々に散乱するがれきから放射線が飛んで来るような状況だったそうです。消防車両の陰に入ると線量が低くなる体験を語ってくれました。

　つまり、活動中でも、できるだけ重量物、密度の大きいコンクリートの壁などの陰に隠れながら行動することを体験されたわけですね。

　同じ場所でも、チョット後ろを振り向いただけで線量率が上がるんだそうです。
　部隊長のＳさんが語ってくれました。

　私の同僚だった？　あっちこっちに彼女がたくさんいる？　あのＳさん？

　いいえ、そっちのＳさんではなく、真面目な方のＳさんです。

　ああ、ナルホド……。

6 放射線事故現場の安全管理の目標

　今までお話しした内容を振り返ってみてほしいのですが、何か気が付くことがありませんか？

　放射線防護服を、簡易化学防護衣に変更したときにも思ったのですが、高い線量の放射線が観測される現場で救助活動を行う場合、「**外部被ばくを完全に防ぐことはできない**」ところから安全管理対策を始めているような気がします。

　考えの方向性は正しいと思いますよ。
　ここで、放射線を被ばくしたときに人体に及ぼす健康影響のお話に少し触れようと思います。

　お話が難しくなりそうですね。

　厳密なお話を進めてしまうと、確かに難しい話になってしまいます。
　ですから、放射線事故現場で行う安全管理に必要な、最小限に絞ったお話にしますね。

　そ、それでお願いします。

　「確率的（健康）影響」と「確定的（健康）影響」という用語を聞いたことがありますか？

　ハイ！　A先生のご講義に出てきました。
　A先生は、**JCOの臨界事故**※の事例を挙げてご講義くださったと思います。

※JCO臨界事故：1999年（平成11年）9月30日に、茨城県東海村にあるウラン加工工場で発生した被ばく事故で、3人の作業員が高線量の中性子線に被ばくして、そのうちの2名が死亡した事故

　そのご講義でお話しいただいた事例で、その3名の作業員の方が受けた放射線被ばくによる健康影響が「確定的影響」です。

　つまり、高線量の放射線を被ばくして、短期間のうちに重篤な健康被害が起きるようなことを指すのですね？

端的にいえばそのとおりです。
「確定的(健康)影響」と、(健康)を入れたのは、この用語を定義した原文が、英文でDeterministic health effects(確定的健康影響)、Stochastic health effects(確率的健康影響)と書かれているからです。

では、確率的影響というのは？

生体の一部の少数の細胞が放射線の影響を受けた場合に、長い年月を経たあとにガンや白血病のような疾病として現れるような影響のことをいいます。
ただし、このような場合は、その疾病が放射線に被ばくしたことが原因であるかを証明することは困難です。

それはなぜでしょうか？

確定的影響には、「ある被ばく線量を超えなければ発生しない」という「閾値」がありますが、確率的影響には閾値がないからです。

チョット、よく分からないです。

あまり明確に分からなくともよろしい。
分かってほしいのは、消防隊員が放射線事故現場で活動するときの隊員の安全管理(被ばくや汚染の管理)をするときに、目標となるのは次のようなことです。

目　　標	安全管理方法	具体的措置
確定的影響の防止	外部被ばくの防護	時間・距離・遮蔽による被ばく線量の低減
確率的影響の低減	外部被ばく＆内部被ばくの防護	簡易化学防護服＆呼吸保護器具の着装
	放射性物質による汚染拡大の防止	ゾーン設定・乾的除染による汚染管理の徹底

表9　放射線事故における安全管理の目標

確定的影響は「防止」で、確率的影響は「低減」というのはなぜですか？

確定的影響は、重篤な放射線障害が想定されますから、活動隊員をそのようなリスクから絶対に守らなくてはならない。しかも、被ばく線量を閾値以下にすれば実現可能ですから「防止」です。
　一方、確率的影響は閾値がありませんから、医学的な見地から健康に重大な影響を与える危険がないとされる被ばく線量限度を設定して、それを守る、という目標であり「低減」です。

　そうすると、福島第一原子力発電所の事故が発生したとき、テレビで官房長官が頻繁におっしゃった「直ちに健康に影響を与えるおそれはない」という発言は、「確定的影響が発生するおそれはない」ということなんですね？

　そのとおりです。
　発言内容に間違いはないのですが、それを聞いている多くの国民が発言の意味を正しく理解できたかどうかは疑問です。

　先生のお話や、研修の講義のお話から考えると、確定的影響は原子炉建屋の中の圧力容器に近づかない限り起こりませんからね。

　福島第一原子力発電所の消防活動では消防隊員が決死隊になることはありませんでしたが、チェルノブイリ原子力発電所の事故では、30名の死者は全員が発電所職員と消火に当たった消防職員で、そのうちの28名は確定的影響による急性放射線障害が原因とされています。

　消防隊員も原発職員も確定的影響を受けないような安全管理が必要だということですね？

　国際放射線防護委員会（ICRP）では、数年ごとに勧告を公表しています。
　「確定的影響」や「確率的影響」も、ICRPの勧告に書かれた用語です。

　実は、私はくだんのICRPの2007年勧告の日本語訳をダウンロードして持っているのです。

　ちゃんと読んでいますか？

　それがー、日本語訳そのものが難解で、なかなか前に進まないのです。

そういうときは、理解しにくい部分を原文に戻って自分で訳してみると、文章の意図をつかめることがありますので試してごらんなさい。

分かりました。
挑戦してみます。
でも英語力も低いんだナー！

7 国際機関や外国文書に挑戦する

福島第一原子力発電所の事故以来、**国際原子力機関（IAEA）でも、ICRPでも、放射線防護や放射能汚染に関する重要文書を、ホームページ上で無料公開しています。**
日本の機関も、例えば**日本アイソトープ協会では、ICRPの和訳文書を無料公開しています**ので、興味のある方はダウンロードして読んでみることをお勧めします。

そういえば、先生は消防本部にいらした時に、IAEAが公表した文書を翻訳していらっしゃいましたよね。

あれは、IAEAが2006年に発行した、消防や警察職員のような災害対応に一番最初から対応する職員（First Responderという）のために書かれたもので、Manual for First Responders to a Radiological Emergency（ファーストレスポンダーのための放射線緊急時用マニュアル）という文書です。

私は、先生の和訳の方だけ読ませていただきましたが、内容がとても具体的で分かりやすく、正に実戦的なマニュアルだなあと感じました。
先生の訳文も、何か「熱意」というか「情熱」があふれていましたよ。

アメリカの研究機関や国際機関の手によって書かれた文書は、日本のものよりも**具体的で、高度な内容がかみ砕かれて分かりやすく表現されている**のに驚きます。
放射性物質に汚染されたときは、冷たい水や熱い水は使うな、ぬるま湯が最適だ、とか、髪を除染するのにヘアコンディショナーを使うな、とか、とても具体的です。

以前に先生が連載されていた『月刊消防』（東京法令出版）で、「除染」の解説に今のお話の部分が引用されていましたね。

このマニュアルの執筆陣の中には、チェルノブイリ事故の際に多くの被ばく者に対応したベラルーシの女医さんが含まれており、私がお世話になっているT先生がIAEA在任中には直属の上司だったそうです。

そのようなつながりがあったのですか？

　私は英語が苦手なので、大したページ数でもないマニュアルを翻訳するのに、半年以上掛かってしまいました。
　でも、そのおかげで執筆者が意図した部分を正確に理解できたと思います。

原文を直接読むことって、大切なことなんですね。

　君も、何かに挑戦されてはいかがですか？
　今なら、ネットの翻訳ソフトを使えばかなり正確な日本文に翻訳できますから、そのようなツールで大雑把に意味をつかんでから後で修正すれば、スピーディーに和訳できますよ。

　そうですね。
　けれど、翻訳ソフトはある一定の文章量を超えると有料になっちゃうんですよねー。

まあ、その程度の支出は勉強のための投資でしょう！

第9話　放射性物質のはなし

第9話で学習すること
- ☑ 放射性物質の壊変と半減期
- ☑ アイソトープ手帳の利用法
- ☑ 街中の公園で発見されたラジウム226
- ☑ 放射性物質情報のある現場活動の留意点
- ☑ 放射線学習のコツ

1 放射性物質学習の入口

　前話では、放射線の基礎的なお話を伺いましたので、何となくですが放射線が飛び交っている事故現場で活動するには、どのような注意が必要かを少し理解できました。

　放射線の知識は、いろいろな難しい用語や概念がありますので、急に理解することはできないと思います。
　でも、そこを少し我慢して、放射線や被ばく医療などの先生方と会話をしたり議論に参加していると、だんだん身近なテーマになってゆきますよ。

　先生もそうだったのですか？

　私も、特殊災害に携わるまでは、放射線のことなど全くの白紙状態でしたから、専門家の先生方と接していても、会話の輪の中に入ることさえできませんでした。
　同じ目的の仕事をしていながら、専門家に「素人扱い」されるのが悔しくて、放射線の学習に真剣に取り組むようになりました。

　先生は、日本放射線事故の学会※に参加されていらっしゃいますね？
　それは、どのようなキッカケでお入りになったのでしょうか？
　※日本放射線事故・災害医学会（Japanese Association for Radiation Accident /Disaster Medicine）

　この学会（当時は研究会）に入会する前に、世田谷区にある国立の研究所※で、NBC災害に関する問題を議論する専門家会合に参加していたのです。

※国立医薬品食品衛生研究所（National Institute of Health Sciences）。

ああ、その会合には私も参加させていただいたことがあります。
私の部隊の同僚で一番若いY君が、たくさんの専門家の先生方を相手に堂々と発表していたのが印象的でした。

この会合は既に解散されていますが、私も同僚のSさんに誘われて参加するようになりました。

そういえば、放射線事故・災害医学会のメンバーの方々は、専門家会合と共通している方が多かったですね。

この2つの学会と会合には、全国の消防、警察、自衛隊、海上保安庁などの公安職員の方々が大勢参加していましたから、そこで同席した方々とは、その後の仕事上でも放射線、化学災害、生物兵器、感染症などいろいろな情報交換をし合って、とても助かりましたし、勉強にもなりました。

同じ目的を持つとはいっても、専門家や先生方と交流するにはかなり勇気がいると思いますけど、実際に議論していらっしゃっていかがですか？

消防や警察は、災害や事件が起きて被災者が発生した場合、まず119や110通報から対応が始まります。
災害現場で実際に活動したり現場をコントロールしたりする経験は、消防・警察の職員でなければ対応できない場面が多くありますから、専門家の先生方も、そのような視点・観点からの話を真剣に聞いてくださいます。

「話す方も、聞く方も真剣」というシチュエーションは、先生向きですね。

けっこう熱くなりますよ。
私たちがお世話になっているO先生なんか、Y先生とケンカになっちゃいましたからね。

デショー!!
だから先生向きなのです！

放射線のことを理解するには、放射性物質のことを少し学習する必要があります。この話では、放射性物質の話を中心に進めましょう。

ガッテン、承知しました！

2 放射性物質の壊変と半減期

原子力発電所の核燃料は二酸化ウラン※という放射性物質で出来ていますが、発電用原子炉１基にどのくらいの量の放射性物質が使われているか知っていますか？
※核燃料には、中性子数を制御するためにGd（ガドリニウム）が添加されています。

私は福島第一原子力発電所の核燃料について調べたことがあります。
原子炉の建設時期によってかなり違いましたが、調べた結果は表１のとおりです。

	１号機	２〜５号機	６号機
燃料装荷量（t：トン）	69	94	132
燃料棒の本数	400	548	764

表１　福島第一原子力発電所の燃料棒

※東京電力ホールディングスホームページ　福島第一原子力発電所　設備の概要より

よく調べましたね。
この量を見て、どう思いますか？

以前に太平洋戦争でアメリカ軍が広島と長崎に使用した原子爆弾に装荷された二酸化ウランやプルトニウムの量を調べたことがあります。
でも、公式の情報としては見つからず、ネット上にある私的なデータにあった情報では、50kgとも64kgとも書かれていました。
その量が正しいとすると、発電用原子炉に装荷されていた核燃料は約2,000倍にもなります。

装荷された放射性物質の質量で単純に比較するとそのようになりますが、原子爆弾は、核燃料に含まれている二酸化ウラン中のウラン（^{235}U）※やプルトニウム（^{239}Pu）※の濃度がほぼ100％であるのに対して、発電用原子炉の核燃料に含まれる二酸化ウラン中の^{235}Uの濃度は３〜５％ですから、発電用原子炉の方は約200倍と考えてよいと思います。
※^{235}U ➡ウランの放射性同位元素の表記、^{239}Pu ➡プルトニウムの放射性同位元素の表記

私は、放射性物質が放射線を出す仕組みについて、まだよく理解していません。あまり難しくない範囲で教えてくださいませんか？

 君は、放射性物質（「放射性核種」ともいう。）の「壊変」や、「核分裂」のことは御存じですか？

 そ、その辺りからお願いします！！

 まず、放射性物質が放射線を出す現象には、大きく分けて2つの過程があります。
① 核燃料が原子炉や爆弾の中で核分裂を起こして、核分裂によって出来た物質が放射線を出す過程です。この現象は「**臨界**」といいます。
② 放射性物質が、自然に放射線を出しながら別の物質に変化する過程です。この過程を「**壊変**」といいます。

 「臨界」は、「東海村JCOの臨界事故」で聞いたことがありますが、「壊変」は初めて聞きました。「崩壊」なら知っていますが……。

 「壊変」と「崩壊」は同じ意味です。学者先生によって呼び名が変わるだけです。

 福島第一原発の事故は、地震によって運転中の全ての原子炉が自動停止していますから、核分裂で放射線を放出したのではなく、**圧力容器内の核燃料が冷却されない状態が続いたために、②の壊変過程による発熱で溶融してしまった事故**ですよね。

 福島の事故は、君の言った核燃料に含まれる放射性物質の壊変と同時に、原子炉内部にあった核分裂物質が環境中に漏洩した事故でもあります。
②の「**壊変**」は、**不安定な原子核を持つ元素（放射性物質）が、エネルギーを放射線として放出しながら、「一定の寿命」で構造を変える現象**を指します。

 壊変によって放出される粒子や光子（電磁波）を放射線というのでしたよね？

 そのとおりです。
放射線を出す能力が「放射能」ですが、慣習的に放射性物質そのものを放射能と呼ぶことが多いですね。
正しくは、例えば、
「放射性物質のセシウム137が30ｇあった場合、その放射能量は約100TBq（テラベク

レル）である」
という使い方をします。

放射性物質は、「放射性核種」とか「放射性同位元素」という表現もしますね。
「一定の寿命」というのは、どういう意味ですか？

放射性物質は、壊変をしながら原子核の構造が変わって、より安定な元素へと変わってゆきますが、全ての原子核の構造が変わり終えて安定な元素になるまでの期間のことです。

実際に使われる期間の尺度は、放射能が半分になるまでの時間（その時間は「秒」であったり、「分」であったり、「日」、「年」と様々です。）で表すことがあり、その時間を「半減期」といいます。

「半減期」って、どのくらいの長さなんでしょうか？

放射性物質によって様々です。
例えば、ヨウ素131（^{131}I）は約8日間ですが、核燃料のウラン235（^{235}U）は約7億400万年です。
表2は、報道などでよく見かける放射性核種の半減期です。

放射性核種	呼称	半減期
^{3}H	重水素	12.32年
^{24}Na	ナトリウム24	14.959時間
^{60}Co	コバルト60	5.2713年
^{90}Sr	ストロンチウム90	28.78年
^{131}I	ヨウ素131	8.02日
^{134}Cs	セシウム134	2.0648年
^{137}Cs	セシウム137	30.167年
^{210}Po	ポロニウム210	138.376日
^{226}Ra	ラジウム226	1,600年
^{235}U	ウラン235	7.04億年
^{238}U	ウラン238	44.68億年

表2　報道でよく見かける放射性核種
※公益社団法人日本アイソトープ協会　『アイソトープ手帳』　第11版より抜粋

なるほどっ！！　分単位のものから何億年単位のものまであるのですか？
　福島第一原発関連のニュースでよく見かけるのはヨウ素131とセシウム137とか、セシウム134ですね？

　この３種類の放射性核種は、原子炉の中で核分裂をしたときに生じる核分裂生成物の代表的なものです。

　ヨウ素131は、たった８日間で半分になっちゃうんですね。

　つまり、原子炉が爆発を起こして環境中に放射性物質が放出された直後には影響を及ぼしますが、何年も経ってしまうとヨウ素131としての物質はなくなってしまいます。

　そうか！　これからの環境汚染対策や原子炉の廃炉事業で問題になるのがセシウム137といわれるのは、半減期が30年と長いからなのですね？
　そもそも、「半減期」というのはどのようなモノなのですか？

　いい質問ですね！
　「半減期」とは、少し専門的になってしまいますが、統計学上で便宜上に作られたもので、元素の一種の「平均寿命」だそうです。※

　それを、セシウム137でいうと、どのようなことになりますか？

　セシウム137は、半減期が約30年ですが、セシウム137の試料に含まれる原子核の一個一個全てが一律に30年間で半分になるのではなく、全く偶然に無作為な時間をそれぞれ生き延びるのです。その中には２秒しかもたない原子核もあれば、何十年と生き延びる原子核もあるということです。しかし、その試料全体としてはキッチリ30年間で壊変して半分に減少する「減少速度」を示す、これはどのように大量のセシウム137を持ってきても適用できる、のだそうです。※
※Bill Bryson　『A short history of nearly everything』の解説より抜粋
　すこし抽象的な解説ですが、「半減期」というか、放射性物質の原子核が壊変して次第に別の元素になってゆく過程をうまく表現していると思いませんか？

　私にはチョット難解ですが、先生のおっしゃることは分かります。

3 アイソトープ手帳の利用法

　以前に、「街中の公園でラジウム226という放射性物質が発見された」というニュースがありましたよね？

　数年前にも、東京の総理大臣官邸でセシウム137とセシウム134を含んだ放射性物質が発見されたことがありましたね。

　そういうニュースを聞くたびに、『アイソトープ手帳』の「おもな放射性同位元素の表」で、ラジウム226やセシウム137がどのような放射線源かを学習するのですが、あの表の見方がよく分かりません。

　『アイソトープ手帳』は、主に放射線技師が実務上で使う早見表ですから、かなり深い知識を持っていないと読みこなすのは難しいですね。

　でも私たち消防職員も、先ほどのニュースのような事件や福島第一原発の活動を経験したからには、「おもな放射性同位元素の表」くらいは読めるようになりたいです。

　それでは、あまり専門的に難しい話にならない程度に、『アイソトープ手帳』の「おもな放射性同位元素の表」の学習をしましょう。

　セシウム137（^{137}Cs）、セシウム134（^{134}Cs）や、ラジウム226（^{226}Ra）の3つくらいでお願いします。

　分かりました。
では、表3を見てください。これは、『アイソトープ手帳』第11版の「おもな放射性同位元素の表」の一部を抜粋して、内容を説明しやすく改変したものです。

①列 放射性核種	②列 半減期	③列 壊変形式	④列　おもなα線（又はβ線）のエネルギー（MeV）と放出割合	⑤列　おもな光子のエネルギー（MeV）と放出割合
^{134}Cs	2.0648y	β^-	0.0886 － 27.3%	0.563 － 8.4%
			0.415 － 2.5%	0.569 － 15.4%
			0.658 － 70.2%	0.605 － 97.6%
			ほか	0.796 － 85.5%
				0.802 － 8.7%

				1.365 — 3.0%	
				ほか（蛍光X線）	
				0.0321 — 0.89%	Ba — K_α
				0.0365 — 0.16%	Ba — K_β
^{137}Cs	30.1671y 娘* ^{137m}Ba	β^-	0.514 — 94.4%	0.662 — 85.1%	^{137m}Ba
			1.176 — 5.6%	0.0321 — 5.8%	Ba — K_α
				0.0365 — 1.3%	Ba — K_β
^{226}Ra	1600y 娘 ^{222}Rn	α	4.601 — 5.5%	0.1862 — 3.6%	
			4.784 — 94.4%	ほか（蛍光X線）	
				0.0831 — 0.51%	Rn — K_α
				0.958 — 0.14%	Rn — K_β
				0.0136 — 0.85%	Rn — L

表3　おもな放射性同位元素の表（抜粋・改変）

　表に書かれている数字の意味が分からないので、例えばセシウム137はβ線（ベータ）を出す放射性核種、半減期が30.167年（y→year）だという部分だけ読んでいました。

　まず、表3の一番上の行の項目名の部分からいきましょう。

- ②列の半減期の欄は、**y：年、d：日、h：時間、m：分、s：秒**
- ③列の壊変形式の欄は、**β^-：βマイナス壊変、α：α壊変（アルファ）**、つまり、壊変してβ線を放出する線源、α線を放出する線源ということです。
- ④列の欄は、放出するβ線やα線のエネルギーを MeV（メガエレクトロンボルト）という単位で表しています。このエネルギーは、**核種の原子核1個が壊変するときに放出する放射線のエネルギー**※が書かれています。

　さらに、複数のエネルギーが書かれているのは、放出するエネルギーの割合が表現されているためです。例えば、セシウム134の原子核1個が放出するβ線のうち、
　◇　70.2%は0.658MeV のエネルギーを持っており
　◇　27.3%は0.0886MeV のエネルギーである
と読み取ります。

※表に書かれているエネルギー（MeV）の数値が、その核種の原子核1個が放出するエネルギーであることは、『アイソトープ手帳』には解説されていません。また、β線の場合はエネルギーが「その核種固有の上限値を持ったスペクトルを持っています」ので、書かれている数値は「最大値」です。

ここまではいいですか？

「すごく分かった」というのではなく、漠然とですけど……。

漠然と分かっていただければいいです。
　では、セシウム134やセシウム137はβ線源だから、放出する放射線はβ線だけかというと、そうではないのです。その部分の表現が表3の⑤列の欄です。

「おもな光子のエネルギー…」というと、γ線も放出するのですか？

そのとおり!!　君はすごいです。Good です、Great です、Excellent です!!

先生！　何だか、おおげさです！
そんなに気を遣ってくれなくてもダイジョーブです。

ホントですよ！　君は優秀です。
じゃあ、次いきますよ。
ここからは、少しヤヤコシクなりますのでゆっくりいきましょう。

今までも十分にヤヤコシイ！

君なら大丈夫。**ドン!!**

今の、「**ドン!**」って何ですか？

太鼓判※の音です。
　今、君が言ったように、α線源でもβ線源でも「光子」、すなわちγ線やX線も放出するということが、この話での最重要ポイントです。
　⑤列の欄には、放出されるγ線やX線の放出割合と、そのエネルギーが書かれています。
　それは先ほどのβ線の放出割合とそのエネルギーと同じ読み方です。
　ここで、「壊変図式」というものを説明します。

※太鼓判:「絶対に間違いがないことを保証する」という意味です。

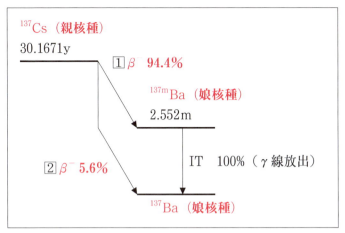

図1　セシウム137の壊変図式(『アイソトープ手帳』第11版より一部抜粋)

　この図は、壊変図式、あるいは崩壊図式といいます。
　セシウム137を例に取って描いてあります。先ほどの表3の内容を、別の方法で表現したものですので、リンクして見てください。
　ただし、書き切れなかったので、エネルギーは省略してあります。

　「娘」って何ですか?

　「娘」というのは、セシウム137を親とすると➡バリウム137mやバリウム137は娘だという比喩の表現です。

　この図1は、親核種というのがセシウム137?

　元のセシウム137が2つのピークを持つβ線を出しながら壊変しますが、94.4%は半減期2.552分のバリウム137mという放射性核種になります。
　このバリウム137mは、まだ不安定な原子核を持っていますので、更にγ線を放出しながら壊変して、最終的に安定な原子核を持つバリウム137になります。
　β壊変の残りの5.6%は、直接安定なバリウム137の娘核種になります。

　そうすると、さっき先生が「セシウム137はγ線も放出する」とおっしゃったのは、このことですか?　っていうか、「バリウム137m」の「m」って何ですか?

この「m」は、「**核異性体転移**」を表すmで、セシウム137がβ線を放出しながらβ壊変しても、まだ原子核が不安定な状態になっていることがあり、不安定な状態から更にγ線を放出して、安定な原子核を持った元素（この場合はバリウム137）になる壊変の形式で、参考書には「IT壊変」とも書かれています。
　IT は、Isomeric Transition の頭文字です。
　専門的になりすぎますので、これ以上の解説は省略しますが、興味があったらいろいろと参考書がありますから勉強してください。

　ヤッパリ、ちょっと混乱してきました。

　大丈夫ですよ。
　慣れれば、だんだん分かってきます。
　「読書百遍、意自ずから通ず」っていうでしょ！

　ヤダー！　こんな難しい勉強！

　そのうちに、必要になったときに学習すればいいのです。
　例えば第１種放射線取扱主任者の資格が必要になったときなど……。

　先生、ホントにこんな難しい勉強をされたのですか？

　私には、T先生など、頼もしい味方が付いているので、分からないときは教えてくださるのです。
　勉強すれば疑問も湧きますし、質問するなら、ある程度は勉強してからにしないと失礼になるでしょ？

　ナルホドね！　先生のT先生に対する愛の深さに脱帽デス！

　だって、性格はすごく可愛い！　ですよ。
　酔っぱらうと陽気で饒舌になりますしね。

　私はけっこう怖いけど。
　先生に対するときは「安定核種」のようですけど、私に向かって来るときは「励起状態」で、γ線がビシビシ飛んできますよ。

『アイソトープ手帳』の使い方、よろしいですか？

お話は難解でしたけど、復習して用途をもう少し広げようと思います。

4 街中の公園で発見されたラジウム226

β線源のセシウム137が、β線だけでなくγ線も放出することは分かりました。
つまり、セシウム137の場合、β線のリスクは皮膚表面に付着したときや体内に取り込まれたときの被ばくだけではなく、γ線による外部被ばくのリスクもある線源だということですね。

そのように理解してもよいと思います。
ついでに、表3の一番右の欄には、「ほか（蛍光X線）」と書かれた下に
0.0321−5.8%　Ba−K_α
0.0365−1.3%　Ba−K_β
という記述があるでしょう？

そうそう！
それは何ですか？
『アイソトープ手帳』の表には単に「ほか」と書かれていて、「蛍光X線」という記述はないですよね？

「蛍光X線」は、説明がしやすくなるので私が勝手に追記したものです。
この部分は、放出される光子がγ線だけではなく、X線も出ていることを示します。

蛍光X線※が出ているのですか？
※蛍光X線の解説は省略します。興味のある方は『放射線物理学』や『第1種放射線取扱主任者試験用テキスト』などの参考書をご覧ください。

セシウム137は壊変の過程で、娘核種のバリウム137mがγ線を出しながら安定核種のバリウム137になることを説明しました。
しかし、バリウム137mが放出するγ線は、さらに安定核種のバリウム137を照射し、励起されたバリウム137からX線が放出されるため（蛍光X線）、そのエネルギーを示しています。

「おもな放射性同位元素の表」を見ると、ほかにも同じようなＸ線を放出する核種がたくさんありますね。

この表を活用しようとするときは、そこまで読み込むと、核種が放出する放射線を細かく知ることができますよ。

私は、東京の街中にある公園でラジウム226が発見されたニュースを見た時、ラジウム226がα線源であるのに、なぜ一般市民が持っているような安物の測定器でα線を検知できたのか疑問に思っていたのです。
　この表を見ると、市民が持っていた測定器が反応したのはα線ではなく、γ線やＸ線だったからですね？

そのニュースの公園で掘り出された放射線源は、何十年も前に廃棄されて埋められた、ラジウム226の密封線源※ということでした。
　そうだとすると、この場合は少し違った考察をすべきではないかと思います。
　※放射線が外部に漏洩しないように金属容器に封入されている放射線源のこと。

それは、どのようなことですか？

放射性物質の「壊変系列」というものの中に、「ウラン系列」というものがあります。
　ウラン238というα線源は、壊変の過程で19もの物質への変化を経て、中間でラジウム226となり、最終的に安定核種の鉛206、つまり放射線を放出しない普通の鉛になります。

そういえば、『アイソトープ手帳』の初めの方のページに書いてありましたっけ！

一方で、密封線源が製造されてから長い年月が経過すると、その容器の中には当初のラジウム226だけではなく、壊変系列の過程で生じた十数種類の核種が一定の割合で同時に存在するようになります（これを「放射平衡」といいます。）。
　その多くの種類の核種の中に、強いγ線を放出する性質を持ったものがあると、それが密封容器から飛び出して、市民が持つような簡易測定器で検出する場合があるということです。

と、いうことは、さっきの説明の蛍光Ｘ線とは違った過程から放出されるのですね？

この古いラジウム226の密封線源の場合は、容器の中に、例えば強いγ線源の鉛214とかビスマス214などが生成されていると考えられます。
　当然、先ほどの蛍光X線、α線やβ線も容器内部には存在するでしょうが、御存じのようにα線とβ線は金属容器の外には出てきませんから、結局γ線やX線のような光子（電磁波）だけが容器の外に出てきます。
　私がアイソトープ協会のS先生からお伺いした話では、そのような可能性が最も大きいとのことでした。

　ラジウム226の密封線源が古いものであるというのは、どのような根拠でしょうか？

　日本でラジウム線源が工業的に使われていたのは、かなり昔のことです。
　例えば、時計の針や文字盤の発光塗料は、ラジウム226でしたが、現在の日本製品には、放射性物質の発光塗料は使われておらず、日本の塗料メーカーが開発した放射性物質を一切使わない高輝度の蓄光塗料が使われています。

　自動火災報知設備の煙感知器にアメリシウム241が使われていたことは知っていましたが、時計の発光塗料も放射性物質だったのですね。

　腕時計の文字盤と針の蓄光塗料では、国産製とスイス製は100％放射性物質を含まない塗料が使われているそうです。

❺ 放射性物質情報のある現場での活動上の留意点

　放射線源は、工業用やがんの治療等の医療用、調査用、研究用、農業用など、多くの部門で広く使われています。
　一般市民から、「バックグラウンド値を超える高い放射線量率が検知された」という通報があった場合や、放射線源の輸送車両が事故を起こしたという119通報があった場合の、現場での留意事項を簡単にまとめておきましょう。

　一般市民が簡易測定器で検知した放射線量が、故意に高線量の放射線源を放置するようなテロ攻撃かもしれませんからね。

　近年、日本国内でも非破壊検査用や工業用の放射線源が容器ごと盗難にあって、環境中に放置された事件が報道されています。
　放射線源に関わる事故や事件の情報は警察庁や総務省消防庁が窓口になって、消防機関に提供される場合が多いので、線源の種類や量が判明していることが多いのです

が、市民から消防や警察に直接通報された場合は、119通報を受ける指令管制部門が、通報者からできるだけ詳細な情報を聴き取る必要があります。

　私たちの消防本部は、指令室に特殊災害課員が呼ばれて、受信中の通報内容をオンタイムで情報を得ますよね。

　単に1消防本部の部隊運用だけではなく、多くの専門機関との連携が必要です。
　ここでは、出場指令を受けて放射線情報のある現場に出場する消防部隊の対応上の留意事項を端的にまとめておきます。

- 出場部隊は、必ず空間線量率を測定できる機器と、隊員の被ばく管理ができる警報機能付きの個人線量計を携帯すること。
- できれば、特殊災害に対応できる部隊を先行させること。
- 隊員の防護装備は、汚染防護、内部被ばく防護ができる装備（軽量な簡易化学防護衣➡全身用タイベックスーツ＋呼吸保護器具）を着装させること。
- 線源の種類を特定する場合は、スペクトロメーターを携行すること。
- 放射線源の可能性のある物体を確認した場合は、放射線危険区域を設定し、付近の出入り管理をするとともに、現場の全活動部隊（他機関を含む。）と指令管制室へ設定者名、設定時刻、設定範囲の報告を行うこと。
- 現場で明らかに放射線源と思われる固体物質や液体物質を確認した場合は、目立つ色の樹脂製シート等で覆い、放射線源がそこに存在することを明示すること。
- 放射線源の近くで無統制に行動して、無用な被ばくをしたり、汚染を拡大したりすることのないよう、現場管理を徹底すること。
- 線源に直接手で触れたり、持ったりすることは、確定的影響を受ける危険があるため厳禁である。
- 活動隊員の安全管理は、被ばく線量を少なくする被ばく管理（活動時間管理）と、内部被ばく防護管理の2点である。
- 放射線源が大きな線源である場合（例えば：放射能量が100TBq➡セシウム137であれば30g超）に、線源周囲で救助・救命活動をする場合は、隊員個々の被ばく線量を管理すると同時に、傷病者や要救助者をできるだけ早期に線源の位置から離す（ショート・ピックアップ）ように考慮すること。
- 活動隊員の個々の被ばく線量限度を確実に遵守するため、余裕を持った交代要員を確保する主旨の部隊運用をすること。
- 周囲の市民が、線源に直接手で触れたり、ポケットに入れるような行為をしていないかを確認すること。※
　　※このような行為があった場合は、その市民や消防隊員を直ちに緊急被ばく医療機関に搬送し、専門医の検査を受けさせる必要がある。
- 線源が、非密封線源である場合は、傷病者と活動後の隊員の乾的除染、使用資器材からの汚染拡大防止を図ること。
- 放射線災害の専門家によるアドバイスの下に活動方針を決定する配慮をすること。

6 放射線学習のコツ

　私は、ドローンを一機持っているのですが、最近あまり飛ばす機会がないのです。

　ドローンで何をしているのですか？

　小型のビデオカメラを取り付けて、海岸で空中撮影をしているのです。
　ところが、最近はドローンを使った盗撮や、操縦ミスで落下事故を起こすような事例が増えてきて、規制が厳しくなってしまったのです。

　確かに、ドローンは機能の割に安価で手に入りますから、悪用しようと思えば、使い方次第では危険な道具ですよね。

　スマートフォンでドローンを操縦できるソフトもありますから、これからは防災や消防活動の用途も広がると思いますのに、残念な風潮ですね。

　総理官邸に放射性物質の入った容器を落下させた犯人も、ドローンを使っていましたからね。
　これからは、ドローンを使って遠隔操作で空中から攻撃を仕掛けるようなテロが増えるかもしれません。

　そうすると、訓練されたテロリストではなく、子どもがいたずらでテロ紛いの行為をするようなことも考えられます。

　ところで、「放射線」と「放射性物質」をテーマにした、この話の感想はいかがでしたか？

　やはり、放射線関連の知識を身に付けるのは、ハードルが高いです。
　先生も、随分時間を掛けて、勉強していらっしゃったでしょう？

　前にもお話ししましたが、私一人で学習するにはハードルが高かったので、いろいろな専門家の方に個人的に教えを乞うていました。
　原子力研究の専門家のWさん、緊急被ばく医療の専門家であるA先生やT先生の他にも、核燃料製造会社のNさんにも、核燃料や放射性物質のことで、いろいろと教えていただいています。

　　　　緊急被ばく医療については、JCOの臨界事故の被災者の治療に当たられたM先生やS先生、O大学病院の救急救命センターのY先生など、多くの先生方にお世話になりながら仕事のことも個人な学習の面でも、教えていただいています。

　そうでしたね。
　どの先生方も、その部門では日本を代表する先生ですから、強力な応援団をたくさんお持ちなのですね。

　仕事も個人的な勉強も、一人でするのは大変難しいです。
　専門書を読んでどうしても分からないことがあったときは、その本の著者や執筆陣に勇気を出して連絡をすることもアリだと思います。

　私も先生のお薦めで、日本放射線事故・災害医学会に参加していますけど、その会合でいろいろな先生と会話をする中で、普段分からないことを質問しちゃってます。

　私たち消防職員は、放射線についても中毒に関することも素人ですから、その道の先生方にお近づきになって、直に教えを乞う環境作りが有効ですね。

　でも、会合の席上から離れて、懇親会の場で教えていただいた機会の方が多いですよ、私の場合！

　私だって同じですよ。
　知識不足でトンチンカンな質問をしても、会員の先生方は懇切丁寧に教えてくださいます。
　学会の場で恥ずかしい思いをしないためにも、自力で学習をすることが大切だと思いますが。

第10話 NBC訓練のやり方

第10話で学習すること
- ☑ NBC訓練実施は他の消防訓練とどこが違うのか
- ☑ 配置されているNBC災害用資器材の取扱い
- ☑ 実災害と訓練の違い（実戦的訓練とは何か）
- ☑ 訓練成功の可否は「適切な現示・傷病者計画」に掛かっている
- ☑ 訓練想定作成のポイント
- ☑ 訓練参加者に満足して帰っていただければ成功（事後検討会の重要性）

写真1　国立病院と合同で実施したC想定の訓練

1　NBC消防活動訓練の特徴

 先生にお願いがアリまーーす。

 「お金を貸せ！」とか「彼女を紹介しろ」とか「天にハシゴを掛けて昇ってみせろ」なんていうのはダメですよ。

 私は、先生がビンボーなことも、女性にモテないことも知っていますから、そんなことはお願いしません。
　先生は以前、年間の訓練実施計画や訓練効果確認の事務を担当していらっしゃいま

したよね？

ええ、かなり長い間訓練担当の仕事をしてきましたけど、よく知っていますね。

実は、今度の署内異動で消防係の訓練担当をすることになったのです。年間を通じて訓練計画や訓練効果確認の仕事をするので、「NBC訓練計画」や「想定の作り方」を教えてほしいんです。

大体、そういうことは前任者からの申し送りとか、上司に相談するのが近道じゃないですか？

それは分かっているのですが、上司も先輩もNBC訓練に携わったご経験がないので、NBC訓練に特化した、他の消防訓練とは違う部分を重点的に教わりたいのです。

授業料、高いですよ！(-。-)y-゜゜゜

そ、そ、そこんとこは、お手柔らかに！！

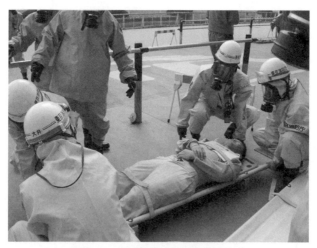
写真2　傷病者を除染設備に搬送

2 ある効果確認の想定作成者の意図

君は、昨年度の特殊災害部隊の訓練効果確認に参加していましたよね。

ハイ！　あまり良い成績が取れなかったというか、全然ダメだった、というか、想定内容が求めているポイントが理解できませんでした。

例えば、想定のどこが分からなかったのでしょうか？
思い出してごらんなさい。

昨年の想定の、要救助者の配置は表1のような内容でした。

原因物質	サリン
発災建物	耐火造4階建のマンション
要救助者	10名
	上階に行くほど重症の逃げ遅れ者がいた
	同じ階でも窓が閉まっている部屋は、歩行可能の軽症者がいた
	窓が開いている部屋には、心肺停止状態の重症者がいた
	2階には歩行不能の重症者がいて、同じ場所に意識清明の人が手を振って助けを求めていた

表1　効果確認の要救助者配置状況

ここで理解できなかったのは、次の2つです。
- 原因物質が空気よりも重いサリンなのに、上の階の要救助者が重症だったこと
- 2階の要救助者の一人は意識清明で、一人は重症だったこと

君は、T大学のO先生のサリン事件に関するご講義を聴講したことがありますか？

ハイ、「松本サリン事件」※のお話だったと思います。

※松本サリン事件：1994年（平成6年）6月27日に、オウム真理教の信徒が起こしたテロ事件。松本市内でサリンを噴射して死者8名、重軽傷者660名を出す惨事となった。

O先生のご講義の中で、「被災者の生死を分けた要素の一部に、サリンを噴射されたマンションの窓が開いていたか、閉まっていたか」という件(くだり)があったのを覚えて

いますか？

ああ、思い出しました。
確かにそのようなお話を伺った記憶があります。

想定作成者は、そのO先生の「松本サリン事件」に関するご講義を一部参考にして想定を作ったそうです。
つまり、テロの実行犯は、車に積んだ噴射装置で熱したサリンを上に向けて散布する方法で犯行に及びました。だから、サリンを浴びたマンションの上の階の住人が症状の重いサリン中毒になったと推測されました。
また、事件の日、O先生はドクターカーで現場に赴かれて被災者の対応に当たられましたが、ご講義の内容には先ほどの「被災者の生死を分けたのは、窓が開いていたか、閉まっていたか」という発表をされました。

そうか、分かりました。
昨年度の効果確認想定には、その実態が組み込まれていたのですね？

もう一つの疑問の「2階にいた2名の要救助者に関する疑問」については、君はどのように考えているのですか？

同じ場所にいて、一人は歩行不能（ダミーでした。）で、一人は意識清明で手を振って消防隊に救助を求めていました。
歩行不能者は、窓のそばまで自力で逃げてきて力尽きたか、あるいは手を振っていた人が窓のそばまで連れてきたかだと思いました。

手を振っていた窓のそばの空間の危険性については、どう思いますか？

それが分からないのです。
　手を振っている人は、その場所にいて意識清明なわけですから、2階の窓の付近はサリンの影響を受けていないクリーンな空間だとも思いますし、そこに自力歩行ができないほどダメージを受けた人がいるので、やっぱりクリーンでない危険区域だとも思えます。

　2階の要救助者が手を振り出した時間帯に、現場に到着していたのは測定器や陽圧防護衣を持たないポンプ隊だけでしたよね。

そこが分からないのです。
　ポンプ隊がどのような手段で要救助者の救助をすれば正解なのかが分からないのです。

さっき、君が言ったことの中に正解があったじゃないですか。

- 手を振っていた2階の窓付近は、間違いなく人が行動できる空間でしたから、サリンの非汚染区域です。
- 一方で、1階の屋内や階段室が安全空間であるかどうかは不明です。
- しかも、ポンプ隊にはサリンを検知できる測定器はありませんから、危険度を確認することはできません。

　その条件で、2階の要救助者を救助するにはどうしたらよいでしょうか？
　君ならどうしますか？

そうか、屋外から救助すればいいんだ！
　可搬はしごを使っての「応急はしご救出」なら救助できます。
　①屋外から2階の窓にはしごを掛けて、窓付近に内部進入し、応急はしご救出で歩行不能の要救助者を救助し、手振りの人は自力でそのはしごを使って脱出してもらいます。

そのとき、消防隊員の防護装備はどうしますか？

一応、②2階に進入する隊員には毒劇物防護衣と空気呼吸器を着装させます。

142　第10話　NBC訓練のやり方

　　救出した要救助者の③一番表面に着ている衣服を脱いでもらい（乾的除染）、安全な場所に確保します。

　　２階進入隊員が脱出した後は、どうしますか？

　　④水をのせたホース線を地上に配備して、脱出後に弱い噴霧注水で除染します。

　　ほうら！　ポンプ隊の装備で救助できたじゃないですか。

　　ナーンダ！　簡単ジャン！

　　ここでは、①〜④までで、一つの回答が得られました。
　　しかし、正解は一つだけとは限りません。
　　想定作成者は、訓練想定の時間経過の中で、到着する消防隊の装備と人員を考慮した対応パターンを考えて作ります。
　　これも、訓練想定の作成作業の一つです。

　　そうすると、例えば過去に発生した災害からヒントを得て、そのパターンを想定に盛り込むような工夫も必要なんですね。

特殊災害部隊以外の大隊効果確認などでは、その年に発生した災害の中から、活動上の問題点があった災害や、非常に推奨される活動があった災害の事例を記録の中から抽出して、想定に盛り込むような作業をしています。

　　そうすると、効果確認に参加する側も、その年にあった顕著な消防活動事例を研究すれば、想定を予測することもできますよね。

　　まあ、全くコピーするように同じとは限りませんがね。

3　NBC訓練の基本訓練

　　特殊災害部隊と、ポンプ隊、救急隊、指揮隊などが合同でNBC訓練を計画する場合は、どのような点に注意して計画を作ればよいでしょうか？

　　例えばC災害の消防活動で、一番時間が掛かるのは「毒劇物防護衣の着装」です。
　　しかも、着装時間は個人差が大きく、特殊災害部隊以外でも特別救助隊員などは早く着装できる人もいれば、10～20分と掛かる人もいます。
　　次の2つの項目は、合同NBC訓練に参加する前に、隊単位でやってほしい訓練です。

① 執務服（活動服）状態で、毒劇物防護衣と空気呼吸器を着装し、面体＆保安帽＆手袋着装までを**2分以内で完了する**訓練
② ポータブルのマルチガス測定器を正しく操作し、測定結果を正しく読み取り、**表示された数字の意味を正しく理解する**訓練

　　この2つの訓練の意義は何ですか？

　　防護装備の着装に時間を掛けると、最先到着隊の現場到着が非常に遅れます。
　　また、ポンプ隊や指揮隊に積載されている「マルチガス測定器」を正しく使える職員が非常に少なく、現場情報の信頼性が保たれないことがあります。

　　それは、具体的にはどのような内容でしょうか？

可燃性ガスの爆発下限界の報告内容です。

マルチガス測定器は、爆発下限界に当たる濃度の30％に達すると警報が鳴ります。

つまり、ある可燃性ガスの爆発下限界濃度が10％であったとすると、3％で警報が鳴ります。

指揮隊から消防本部の指令管制台に無線報告される内容が、「ガス濃度が30％」という用語で報告されることが非常に多いのです。そうすると、消防本部では爆発下限界の3倍の濃度と捉えてしまいます。

なるほど！

つまり、その部分だけは「個別訓練でクリアしてきてほしい」という意図ですね。

個別訓練の方法は、毎当番10分間でいいのです。

長時間を掛けるべき訓練ではありません。

どんなにうまくできなくても、**小隊として行う基本訓練はカッキリ10分間で終わらせます。**

うまくできない隊員は、休憩時間や体力錬成などの時間で個別にやればよろしい。

その代わり、雨が降っても、風が吹いても、他業務が多忙でも、必ず毎当番行うことを義務付けます。

シンガポールの消防業務は、市民防衛隊（Singapore Civil Defence Force）が行っていますが、SCDFの全職員が毎朝10時から10時10分までの10分間、化学防護衣と呼吸保護器具の着装訓練を行っています。それだけNBCテロに対する危機感を持っていることを示しています。

写真3　毒劇物防護衣と防毒マスクの着装訓練

4 合同で行う NBC 訓練の組み立て方

 いよいよ、さっき君が聞きたがっていた複数の部隊が合同でNBC訓練をする計画のやり方を考えましょう。

 待ってましたァー。

 一つのモデルとして、次のような隊構成でNBC訓練を実施する際の留意事項をまとめてみましょう。

次のような6隊構成にしましたが、所属の保有隊数の関係で一度にたくさんの隊を訓練に参加させられない場合は、もっと少なくてもよいのです。

①　最先到着ポンプ隊➡1隊
②　救急隊➡1隊
③　指揮隊➡1隊
④　救助隊➡1隊
⑤　後着応援ポンプ隊➡1隊
⑥　特殊災害部隊➡1隊

専門の測定器を持たない最先着ポンプ隊の活動
(1)　仮の進入統制ラインを設定（被災者の位置から判断）。
(2)　そこから先へ進入する隊員は毒劇物防護衣＋空気呼吸器の着装をさせる。
(3)　自力歩行が可能な被災者には、自力で安全な場所に避難させる。
(4)　仮の進入統制ラインまで、除染用のホースラインを設定する。

写真4　最先到着隊の初動対応

まず、一般的な火災や救助と、NBC災害の違いを考えましょう。
次の2つの表を見てください。

	NBC災害の特徴	NBC消防活動に必要な現場管理
1	火災が離れた位置から煙が見えるように、**五感で危険を認識することができない**	危険物質の存在を示す現示の設定が必要
2	化学物質や放射線から身を守る**防護装備や測定器を使う**	NBC災害専用の装備品の取扱いが必要
3	防護装備を着装しないと立ち入ることができないエリアが存在する	進入統制ライン、危険区域、除染区域、安全区域等の**ゾーニングの概念が伴う**
4	危険区域から脱出する隊員や救助した被災者は有害物質に汚染されている場合がある	**「除染」**という活動が必要となる
5	危険区域内で活動する隊員は、常に有害物質による受傷危険が伴う	危険区域内で活動する隊員の活動時間管理と**空気呼吸器ボンベの残圧監視**が必要となる

表2　NBC災害とその他の災害の違い

NBC災害は、炎・煙・熱気といった**危険性を五感で感じることができない**ため、**測定器や検出器、同定器**を使わなければなりませんし、眼に見えない脅威から身を守るための防護装備が必要です。

以前、消防学校の初任学生に防護服の体験をさせていたとき、陽圧防護衣を着せた学生が転んだまま起き上がらなくなってしまったことがありました。

その学生さんは、どうしたのですか？

その方は極度の閉所恐怖症で、防護服の中で失神してしまったのです。

防護服の着装にはそのような一面もありますね。
つまり、**通常の消防活動とは違った、NBC災害ならではの活動要領や留意事項があります**。NBC訓練に参加するということは、そのような部分の知識を身に付けることでもあります。

表にもありますが、「ゾーンニング」「進入統制ライン」「除染」などの用語も、特殊災害部隊に配置されてから知りました。

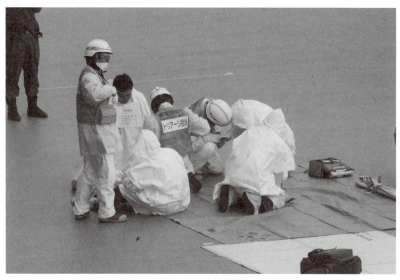

写真5　乾的除染

乾的除染（脱衣）
(1) 表面の着衣だけ脱がせる。
(2) 保温のための不織布製ジャケットを配布し着用させる。
(3) 脱いだ上着をビニール袋に入れて密封し運ばせる。
(4) 現場救護所へ移動。

　そういった専門用語の教育は、実働訓練終了後の検討会で詳しく解説するプログラムを組んで訓練計画を作ります。

	NBC想定特有の活動危険等	安全管理上の留意事項
1	「被災者の救助・救護」と「危険排除」の2つの局面がある	訓練想定は、「救出・救護」と「危険排除」の2局面で構成する
2	防護装備を破損する行為は、即受傷につながる	防護装備を保護するための行動や措置を必要とする
3	防護装備の着装により、視野が狭まり、隊員同士の意思の疎通が阻害される	防護装備着装時の、コミュニケーション手段の確保が必要となる
4	炎暑季の訓練は、防護服による発汗と熱中症の発生危険が高まる	隊員の連続活動時間の目安をおおむね30分として訓練時間を設定する
5	危険区域内では、防護装備を離脱できない	常時、ボンベの残圧監視と、緊急時の脱出手段の確保体制を組み込んだ安全管理を行う

6	N災害想定訓練の特徴は、放射線量の強さが、線源からの距離の二乗に反比例すること	N災害想定訓練では、「次の1歩、そのドアの向こう側は致死線量が存在する」という意識を持った行動が必要

表3　NBC災害特有の災害想定と訓練参加者が留意すべきこと

表3は、おもにNBC訓練実施時の安全管理上の留意点です。

今配置になっている防護服は、アイピースが大きくなったので、以前よりも視野が格段に広がりました。

そうですね。
トレルボルグ製もドレーゲル製も日本の重松製作所製もアイピースがとても大きくなりましたね。

陽圧防護衣を着ると、防護衣の中で空気呼吸器の吸排気音がこもるので、隣にいる隊員とのコミュニケーションは、指さしや腕の上げ下げの合図を決めて行っています。
それと、防護衣を着た状態で、「折膝」をすると、膝の部分に穴が開いてしまうので、ニーパッドを付けることもあります。

写真6　救助時に膝を地面に突いても防護衣を損傷させないために、ニーパッドを着装している

写真7　手信号で連携をとる陽圧防護衣着装隊員

写真8　被災者への指示を掲示板で行う(1)

写真9　被災者への指示を掲示板で行う(2)
危険区域内で活動する隊員は陽圧防護衣を着装するため、広いスタジアムなどでは声が届かない。

5 配置された NBC 専用資器材の取扱い

　松本サリン事件、地下鉄サリン事件、茨城県東海村の核燃料製造工場の臨界事故、福島第一原子力発電所の事故など、過去に多くの NBC に関する大災害が起きて、消防本部にもたくさんの高度救助隊が創設され、資器材の配置も盛んになりました。
　しかし、日常的には NBC 専用資器材を使うような災害の発生はほとんどありませんし、消防署によっては、倉庫に入れたまま訓練にも使ったことがないという実態があります。

　ある県の消防本部と合同で NBC 訓練をやったとき、陽圧防護衣のアイピースに保護用のフィルムが貼ったままになっていて、使おうとしたら前が見えなかったことがありました。

　特に、除染テントなどは、その県が国民保護訓練実施の指定を受けたとき以外は、倉庫から出す機会がないと思います。

　ガス給湯器付の除染テントなんかは、夏の訓練終了後に汗を流すシャワーの代わりに使えばいいのになあー。

　除染テントといえば、国の予算で配置された大型除染テントは設営に多くの人数と時間を要しますね。困ったお荷物です。
　不便といっても使わないわけにもいかないので、短時間で設営できるように訓練を

多くの自治体は、国民保護訓練の当番にでも当たらない限り、あのテントを使う勇気が湧かないでしょうね。

写真10　大型除染テント設営

　資器材の活用といえば、陽圧防護衣を着装して測定器を操作する場合、かなり熟練が必要でしょう？

　陽圧防護衣のグローブ部分はブチルゴム製なんです。測定器のボタンを押したり、ピンセットでpH試験紙をつまみ上げたりする動作は難しいですね。

　防護衣を着装して、測定器類を正しく操作する資器材の取扱訓練をすることも、特殊災害部隊員や高度救助隊員にとっては重要な部分ですね。

　私は、車酔いをする性質なのですが、出場途上に揺れる車内で測定器類の校正作業をすると、現場に着く頃には最悪の状態なんです。

　ああ、以前現場に到着したとたんに、君が車外に飛び出していって、下水溝にモドしていたのは、車酔いだったのですか？

　ハイ、情けないですが……。

152　第10話　NBC訓練のやり方

写真11　除染区域内で傷病者を除染設備に搬送中

写真12　防護衣を着装したら、折膝姿勢はできない（防護衣を損傷する）

６　実災害と訓練想定のギャップを理解する

　「訓練や効果確認における想定の流れ」と、「実災害における時間の流れ」の違いを理解する上で注意すべきことは、どのようなことがありますか？

　訓練で実災害と同じことを再現できないのは、何といっても「実際のサリンや塩素などを使えない」ことで、当然、測定器類には反応しませんから、それなりの現示のシナリオ設定が必要になることです。
※予算が許せば、擬剤を使ったり訓練用放射線源を使う場合もあります。

「現示のシナリオ設定」というのは、具体的にはどのような内容ですか？

それは、次のようなことです。
- 測定器が原因物質を検知したというプラカードを示す演出
- 有害物質に接触して受傷した傷病者に、物質特有の症状を明記したゼッケンを付ける演出
- 会話可能な傷病者に、原因物質特有の症状を答えさせる演出
- GC-MS※やFTIR※の訓練用チャートを準備して、訓練者に読ませる演出
- その場所の放射線量を表示する演出　　など

※GC-MS：質量分析装置
※FTIR：赤外線分析装置

そうすると、傷病者や要救助者要員の一人ひとりに、シナリオを書いた原稿を渡したり、演技の内容を説明する必要が出てきますね。

そうです。
だから、訓練や効果確認を計画する場合、訓練実施隊と同じ規模かそれ以上の現示要員、要救助者要員、訓練統制要員、安全管理員、車両の移動や出場統制を行う要員などの多くの人員が必要なのです。

私は今まで、訓練を受ける側、効果確認を受ける側ばかりで過ごしてきましたから、今度は自分が訓練計画を作る側になると思うと、頭が痛くなっちゃいますねー。

一度経験してしまえば楽になりますよ。君らしく、堂々とやりなさい。
また、実災害と訓練で全く違うことは、時間の流れです。
実災害では、119通報を受信してから災害対応が始まり、全ての消防活動が終了して指揮本部長が全隊引揚げ命令を出すまでの時間は、短いときでも数時間、長ければ数日間も掛かります。
しかし、訓練では実働時間は長くても90〜120分程度が普通です。
特に効果確認だと、実施隊の資器材撤収から次の隊の現示や訓練係員の準備までのインターバルを考慮すると、一つの想定時間を長く設定することはできません。

確かにそうですね。
訓練時間は、実災害の時間をギューッと圧縮して作ったものですからね。
そこに、訓練統裁者が余計な口出しをして、訓練統制者を困らせる事態を幾度も見ましたよ。

訓練統裁者になる方々が、全て訓練担当を経験しているわけではないので、やむを得ないことですね。
有能な訓練担当は、そのようなときでもうまく統裁者が納得するような対応をして、当初の予定路線で進めてしまう技量が必要だと思いますよ。

先生のように、「腹黒」「表裏」「いけず」の三拍子そろった方でないと無理ですよ。

私は至って「真面目」「誠意」「正直」ですけど……。

そういう方は、自分で言いませんって。

時間管理を円滑にするために必要な演出は、ほかにもあります。
例えば、前にお話しした設定に時間と労力が掛かる大型除染テントを使う場合、あらかじめ見えないところで訓練係員が組み立てておいたテントを、別の場所から人力で移動してくる方法があります。
特に、活動技術の演練を目的としない、視察者に見せる訓練を計画する場合は、そのような方法を使うことが多いですね。

写真13　除染テント内で行う温水除染

「見せる訓練」って、どういう訓練ですか？

それは、実質的には「訓練」ではなく「show」として行う訓練で、代表的なのは、年明けに行う「出初式」です。
　また、□□大臣や〇〇知事、△△市長などのVIPの視察を伴う演習や訓練も「show」的なものです。内閣官房が主催する「国民保護訓練」もそれに近いですね。

　なぜ、「show」なのですか？

　例示した訓練は、VIPの来場時に、活動のピーク（今日一番の見せ場など）を合わせるための配慮がされます。
　時には、道路渋滞でVIPの到着が遅れる場合に、訓練を一時停止して待機することもあるでしょう？

　ああ、そういうこともありましたよね。
　出初式なんかは、テレビ局の放送時刻に合わせてシナリオを作りますよね。

　そういう訓練は、目的が全く違うのですから、消防の大部隊がカッコよく、整然とした活動をしてみせることで、ご覧になる市民の皆様やご視察されるVIPが「消防はカッコイイ」「これなら我が町は安心だ」と満足されてお帰りになれば、大成功なのです。

　確かにshow的な別物の訓練もありますね。
　「見せる訓練」のシナリオを作る上で留意すべきことは何でしょうか？

　「部隊の胸のすくようなカッコよさ」「見栄えのする車両と資器材」「アトラクション的な味付け」「お客様が見飽きたり疲れたりしない時間設定」を心掛けます。

　目的は「大成功」とおっしゃるのはなぜですか？

　市民の皆様やVIPの方々の消防に対する信頼度が上がるじゃないですか。

　ヤッパ、先生は「腹黒」「裏表」「いけず」の三拍子そろってます。

　まだまだ、実災害と訓練で違うことがありますヨ。
　実災害では、災害の規模に応じて消防力が不足するおそれがあるときは、現場から

応援要請をすることができますし、消防本部が部隊の増強をすることもできます。
　しかし、訓練ではあらかじめ指定した部隊や人員しか使えませんから、必然的に応援要請は「仮想」になります。
　訓練や効果確認は、部隊員の活動技術の練磨状況や、各級指揮者の指揮能力・自己隊の掌握能力を審査する場ですから、目的を達成できれば「仮想」を用いても差し支えありません。

　指揮者の指揮能力を高めるためには、どのような訓練を計画すればよいのでしょうか？

　指揮能力の練磨は公の訓練の場で行うのではなく、指揮者が個人的に行う不断の努力以外にありません。
　誰かが作った訓練メニューをこなすことで、指揮能力が高まるとは思っていません。
　コツコツとした学習によって、頭の中に多くの手段や選択肢を仕込んでおき、実災害時に引き出して使えるようにしておきます。
　例えば、自分の受持ち地域を、普段から自分の足で実際に歩いてみて、
● ここで火災が起きたら、どの水利を使って包囲隊形を形成するか
● ここを突破されたら、無条件で第3出場だ
● 何があってもこの公園を利用して食い止めよう
などと頭の中にイメージを描いてトレーニングを積み重ねることです。

　先生は、勤務中に時々舟をこいでいらっしゃいますけど、夜遊びが過ぎたわけではなかったのですね？

　私は、以前にお世話になったO署長に、**「消防はABCだ」**※と教わりました。
　私は、この言葉が大好きです。
　「消防は、ABC」：A＝あたり前のことを、B＝バカにしないで、C＝ちゃんとヤル

　オッ！　皮肉をサラッと無視しましたね。
　先生は、指揮者の能力を高めるためにヤルべきことは、「ABC」だとお考えなのですね？

　そのとおりです。
　O署長とは長いお付き合いをさせていただいてきました。かつては同じ所属で私とコンビを組んで署員の育成に励んできました。

　で、先生も「ABC」で指揮能力を高めていらしたのですね？

いいえ、私は「短気」「わがまま」「腹黒」「裏表」「いけず」の五拍子そろっていましたから、指揮能力は最悪でした。

　では、先生ご自身にはできないことを本書に書かれているわけですか？

　世の中、大抵はそうしたモノですよ。
　剣豪が主人公の小説を書いている作家が、自分は剣豪ではないのと同じです。

写真14　大型除染テントの除染台

写真15　警察の NBC テロ捜査隊

　活性炭入りの生化学防護服を着装して危険区域内で活動する。犯罪捜査を行うため、証拠用ビデオ記録を行う。背中に背負っているのは、HAPSITE®。

写真16　警察の機動隊の活動

　スウェーデン・トレルケムの陽圧防護衣で活動する。

7 現示要員、傷病者要員の演出方法

先ほどもお話ししましたが、有害物質がない所では測定器が反応しませんから、解決すべき問題があります。

測定器を使う場所ごとに、測定結果の看板を逐一表示することですか？

それもあります。
そのほかに、測定を行う訓練隊員に、原因物質の人体毒性や影響などの性質を判断させる演出も必要です。

傷病者も、「意識なし」「歩行不能」「会話不能」など、一人ずつ異なる指示を与えて、訓練者の問い掛けに対応させる必要もありますね。

そうです。
NBC訓練は、被災者の症状と、被災者がいた場所の危険性の違い、除染の必要性や除染方法を判断させるキーワードを示す必要があります。
「現示に対する訓練隊員の反応がNBC訓練ならではの見どころ」 となるはずです。

現示と傷病者要員の計画や設定は、かなり面倒な作業ですね。

訓練シナリオ全体を通して、時間経過ごとに示す現示、傷病者要員（訓練人形を含む。）の表示設定などを作る作業は、一人の訓練想定作成者が、時間を掛けてコツコツと作る地道で粘り強い忍耐の要る作業です。

大型除染テントなどの設営に時間を要する資器材を使う訓練をする場合は、どのような部分に留意すべきでしょうか？

160 | 第10話 NBC訓練のやり方

 目的とする資器材の取扱技術を目的とするならば、その時間と設営する場所を確保してキッチリやらせます。

 そうすると、多くの傷病者を使う場合は、除染テントの数も増えますから、訓練係員の数も必要になりますね。

 除染テントや乾的除染場所は、男女別に設定する必要がありますから、テントの数は更に増えますので、広い訓練会場の確保が大前提となります。

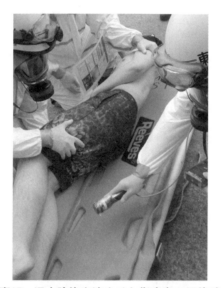

写真17 温水除染を済ませた傷病者の汚染確認

写真18・19 大空間（スタジアム）で行ったNBC訓練では同心円状のゾーニングを実施

 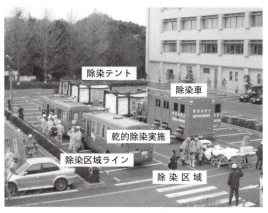

写真20・21　既存の垣根や車両を利用したゾーンの設定

　ところで、かつて、ある国民保護訓練会場で、傷病者要員ではない一般市民の方が要救助者に紛れ込んでしまって、除染隊員がテント内で衣服を切り刻んだ上、全裸にして温水で洗ってしまった事件がありました。

　あの時は、私も県総合防災部の担当者も、頭の中が真っ白になりました。
　除染されてしまった市民の方には、県の担当者が丁寧にお詫びをし、衣服の弁償をして事なきを得ました。

　考えてみると、町を歩いていたら消防隊員に取っつかまって、いきなり服を切り刻まれて、裸にされた上、お湯で洗い終えるまで、抵抗もせずに洗われていたわけですから、チョット信じられない出来事ですよね。

8　訓練会場のゾーン設定

　講義を聞いても、参考書を紐解いても、**ゾーンニングって、災害現場の風下方向に寄った同心楕円状にゾーン設定をするイメージ**ですが、訓練会場の形や広さの実態を考えますと、同心円のゾーン設定はかなり実現不可能ですよね？

　実災害の現場でも、広い公園やスタジアムのように、人の流れや消防隊の接近の方向が全方向であるケースはまれでしょう。
　人や車両の動きは、「ある一方向」か、「正面と背面」だけ、あるいは１か所の入り口が出入りを併用することが多いように思います。

162 | 第10話 NBC訓練のやり方

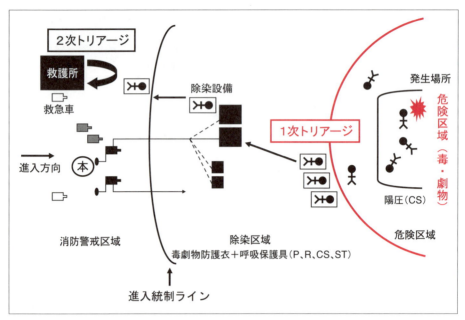

図　C災害における消防活動概念図

出典：全国消防長会（編）『実戦NBC災害消防活動－災害事例に見る活動の実際』5訂版　一般財団法人全国消防協会・東京法令出版　2024

　例えば、実災害の現場がビルの内部である場合、ビルのメインエントランスの出入口が危険区域の境界線であり、かつ、消防隊の進入・脱出口であるようなことがほとんどです。

　ゾーンの設定は、**実災害では現場の状況や建物の実態、道路、構造物、垣根などを目印にして、そこが境界線だと一目で目視できる目標物を利用する**のが基本です。
　しかし、訓練では境界線の設定には「色付テープ」や「カラーコーン＆バー」などを使って表示します。

総務省消防庁が公表した**「化学災害又は生物災害時における消防機関が行う活動マニュアル」**と**「原子力施設等における消防活動対策マニュアル」**※に掲載されているゾーニングのイメージ図は、私たちが実災害時に行っている形に近いものです。
※「消防・救助技術の高度化等検討会」により作成された活動マニュアル

　あのマニュアルの中での、**「進入統制ライン」**の定義付けと設定上の意義は、私たちのマニュアルとは違いますけどね。
　私たちが考え出した「進入統制ライン」は、NBC災害現場に最先到着する専用資器材を持たないポンプ隊や救急隊の初動対応要領として考え出したものですから、意味合いが少し違いますよね。

　私たちが考えた進入統制ラインは、**NBC消防活動要領についての専門教育を受けていない消防隊員や救急隊員が、不用意に有害物質に曝露して受傷することを防ぐために、測定結果によらずに仮設定する境界線**です。
　NBC災害発生時の119通報の第一報で、現場に最先到着するのは、特殊災害部隊ではないことがほとんどである実態を考慮した行動要領です。

　出場した消防部隊のほとんどが現場に到着した以降に設定する境界線は、測定器の測定結果や現場の実態を考慮して引かれるものですから。**消防警戒区域と除染区域（一般的には「コールドゾーン」と「ウォームゾーン」と呼ばれる。）の境界線とは意味が違います**よね。

　「進入統制ライン」は、特殊災害部隊が到着した以降は、不要になるラインです。
　用語をたくさん作りすぎて、マニュアルの運用が混乱しないといいのですが。

9 訓練終了後の検討会

　ほかの訓練でも同じですが、特にNBC災害想定の訓練では、専門知識や火災とは違った指揮判断や行動要領が伴いますから、訓練参加者の理解を深めるためにも事後検討会は重要です。

　想定作成者の意図を、訓練参加隊の指揮者や隊員に正しく伝えるためにも重要ですね。
　検討会のプログラムはどんな内容にしたらよいですか？

私は、おおむね次のような流れで行いました。

	項　目	内　容	時間(分)
1	訓練統裁者の挨拶		3
2	想定作成者による想定意図の解説	専門用語は避け、分かりやすく丁寧な内容解説を心掛ける	10
3	訓練実施隊の隊長職の活動方針説明	与えられた想定に対して判断した内容	20
		下命事項	
		想定に対する疑問	
4	訓練係員からの発言	訓練係員の目から見た活動内容に対する意見	5
5	質疑応答（自由意見）	指揮者だけではなく、隊員職の発言も促す	10
6	訓練指導者による講評	参加者全員が分かりやすいように、推奨する具体的な活動内容を解説することを心掛け、総論的な解説や評論家的な解説を避ける。参加者の自尊心を傷つけないこと	10
7	事務連絡		2

表4　訓練終了後の検討会プログラム例

　注意すべきことは、一般的にNBC災害想定は「馴染みにくい分野」ですから、あまり難しい用語を使わず、「理解不能でも全然かまわない」という自由な雰囲気で進め、特に、訓練実施隊の発言を批判することは避けるようにします。

「難しくて当たり前」「失敗でもOK」という雰囲気を作ればよいのですか？

プログラム例の表にも書きましたけど、参加者の自尊心を損じてはいけません。
　また、解説や講評をする訓練指導側のスタッフは、出された疑問や質問には、具体的で分かりやすい回答をするように心掛けます。
　その場で回答に詰まったら、見栄を張らずに「私も不勉強で、今は答えられませんので、スタッフで話し合って、後日回答します」でもよいと思います。
　最終的には、**訓練参加隊の皆様に「有意義だった」と満足していただければ成功**です。

写真22　救護所は安全な区域に設定（消防警戒区域内）

写真23　原子力緊急時支援・研修センター職員による被災者の汚染検査

　ちょっと、気になる点があります。
　訓練参加者の検討会に出席するのは、隊長職が中心になる傾向があるのです。
　つまり、特殊災害部隊員や訓練参加者の小隊長以下の者たちは、資器材の撤収と災害出場に備える任務がありますから、検討会に参加できないことが多いのです。
　若い世代の隊員にこそ、検討会に参加してほしいと思いますが、いかがでしょうか？

それはよい意見ですね。
　NBC災害のような特殊な訓練は、できれば非番者が警防力確保で署所に残り、当番者が訓練に参加するような段取りが望ましいです。
　しかし、消防本部の実情で、そのようなことが不可能な場合もありますので、一概にはいえませんが。

　ホースや防護服の撤収とか、除染テントの撤収、測定資器材の点検、呼吸器のボンベ交換や空気の充填などは、結構大変な作業量ですよ。
　特に、特殊災害部隊員はたくさんの資器材の撤収をしますから、ほとんど出席できません。
　午前中に訓練を行うときは、昼飯も訓練会場で食べなければなりませんしね。

　私は、いつも検討会参加の主要メンバーで、あまりそういったことを考えていませんでしたので、反省しています。
　君の言う問題点は重要検討事項ですね。

　先生って、素直ですね！

　からかわないでくださいよ。
　本気で反省しているのですから。

　先生が私の所属する部隊にいらした頃、少し規模の大きな訓練には医療機関や自衛隊、海上保安庁、警察本部、日頃お世話になっている研究機関の先生方などをお招きして、訓練をご視察いただきましたね。

　研究機関や医療機関の先生方に、消防のNBC災害現場活動における手順やその組立て方、除染、各ゾーンの境界線での傷病者の受渡し方法などをご覧いただき、ご意見やご指摘をいただく機会にしていました。

　特に、警察の機動隊や公安機動捜査隊などの方々とは、災害現場で一緒に活動する機会が多いので、コミュニケーションを図るチャンスでもありますね。

写真24　機動隊と消防隊の連携活動　防護衣を着装しているため、筆談でコミュニケーションを取る

　消防署に勤務していた時は、近所の幼稚園や保育園のお子さん、管内の町会役員の方々、近隣のマンションの方々を署にお招きして、訓練効果確認をご視察いただいていましたよ。

　近隣の方々にご視察いただく意図は？

　署内で訓練するときに、大声を出したり、ポンプ車やはしご車のエンジン音を出したり、エンジンカッターの騒音を出したりしていますので、消防署の近隣に暮らす方々にとっては迷惑施設です。
　そういった方々に訓練の重要性をご理解いただいて、関係の改善を図ろうとしました。
　季節がよいときには、少し予算を確保して「消防うどん」をご賞味いただきながら、お客様のご意見を頂戴したこともあります。

　それは名案ですね。
　先生は管内のイベントで、バンド活動をしていらしたそうじゃないですか？

　署員に、たまたまバンド活動をしている者がいたので、そこに加えてもらい、町会イベントや地区祭り、学校行事、老人福祉施設などで音楽をツールにしたコミュニケーション活動をしていました。
　「検討会」の話が脱線してしまいました。

写真25　イベントの様子

第11話 教科書（例えば、活動マニュアル）には書かれていないこと

第11話で学習すること
- ☑ 活動記録を災害資料にまとめることの重要性
- ☑ NBC災害は、交代要員の確保が要（かなめ）
- ☑ 出場途上の情報収集
- ☑ 指揮者は評論家になっちゃダメ

1 しょうゆとソース

先生！

ハイ！

先生！（((´;ω;`)涙目）

一体、どうしたのですか？

実はーー。
最近仕事で、失敗ばかりしているんです。
何だか、自信がなくなっちゃって！

どんな失敗をしたのですか？

火災現場でー、ホースが破断して噴水になったんです。

170　第11話　教科書（例えば、活動マニュアル）には書かれていないこと

 それで？

 ホースを交換しようとしたんですけどー。

 オスとメスが逆になったんですか？

 ど、ど、ど、どうして分かったんですか？

 それで、交換するホースは何本だったのですか？

 それが3連だったんです。

 そのホースをまた交換するので、時間が掛かったんですね？

 どうしてそれが分かったんですか？

 それは私も、何度も繰り返した失敗です。
その度に、隊長にはドヤされるし、そばで見ていた野次馬にもドヤされるしね。

「ナニヤッテンダー！　税金ドロボー！」とか？

そう言われたんですね？

ハ、ハイ！
「サッサと帰って、クソして寝ろ」とも。

そのほかの失敗は？

食当でうどんの汁を作ったらーー。

しょうゆとソースを間違えて、ソース味のうどんになった？

ど、ど、ど？

みーんな、経験済みですよ。私も。

先生も、お若い時は失敗してたんですか？

第11話　教科書（例えば、活動マニュアル）には書かれていないこと

　ナニ、言ってんですか！
　今だって、失敗ばかりしていますよ。私の人生、失敗の積み重ねです。
　ここでお話ししていることだって、失敗した時の後悔や反省を裏返しにしたモノが基になっているんですよ。

　でも、「失敗した後のフォロー」なんて、消防学校でも習わなかったし、活動基準にも載っていないので、動転している状態でとっさの判断をしなければなりません。

　何か「失敗したとき」というのは、自分が試されているというか、人生の次のステージに向けた絶好のチャンスを与えられた瞬間だと思いませんか？

　「失敗は、成功のもと」というのは真実だということですか？

　失敗をやらかしたときの、その後の判断や行動を適切にできれば、その危機を切り抜けた後には、必ず一回り成長した自分がいることに気付くことがあります。
　個人がプライベートでやらかした失敗も同じですが、仕事の中でヤッテてしまった失敗は、周囲に大きな影響を伴います。

　先生！　この話では、その辺りの「教育カリキュラムにないテーマ」のお話をしていただけませんか？
　例えば、さっき先生がおっしゃった、「失敗の裏返し」みたいな……。

　それは名案ですけど、仕事関連の失敗事例というのは、軽微なことだったら「オイ、コラ」で済みますが、私たちの仕事の性格上、活動の失敗が、即生命危険につながるので、キッチリ組織で対応する必要があることが多い上、それに絡む人々が実在するので、解説が抽象的な表現になっちゃいますよ？

あまり悲劇的な結果ではない事例でいかがでしょうか？

分かりました。
それでは、「しょうゆとソース」というテーマでいきますか？

センセー！
仲間にブーブー、バッシングされたんで、十分に悲劇的でしたよ。

「失敗したときの後始末」というのは、例えば、署員が事故や犯罪を起こしたときの事後対応などは、組織の危機管理上とても重要なことですが、テーマがNBC災害の話から離れてしまいますので、その話題は別の機会に譲ることにして、ここでは**「教科書や活動基準に書かれていないこと」**をテーマにしましょう。

❷ 災害資料のまとめ方

先生は現職時代に、災害現場から帰ってきてからも、いろいろなところに電話を掛けたり、参考書を出してきて夜中まで調べものをしていらっしゃいましたよね。

あれは、「記憶が薄れないうちに」と思って、いろいろと災害の実態や活動内容を資料化していたのです。元々は、同僚のS部隊長がやっていたことをまねていました。

以前から先生は、「実際に関わった災害の全体像を資料化せよ」と力説していらっしゃいました。この話では、そういうところからお願いできますか？

了解しました。
君は、災害の全体像には、大きく分けて**「空間的な全体像」**と**「時系列的な全体像」**の2種類があることは分かりますか？

よく分からないです。その辺りからお願いします。

ウーン！　では具体的に。
君は、ホースの延長を失敗した火災で、自分以外の隊の活動について、どのくらい知っていますか？

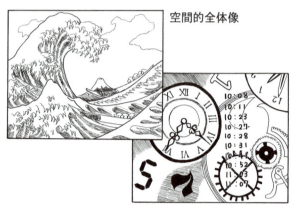

自分の行動の後始末で、他の隊の行動どころではありませんでしたので、全然分かりません。

そうなんです！
同じ災害に出場して活動していても、自分の周囲の局面以外に、その現場で他の出場部隊がどのような活動をしたのか分からないのですよ。
現場では、指揮本部で指揮隊員が出場各隊の行動内容を聞き取って指揮板に記録しますし、帰署後にも警防係や消防係の係員が、出場各隊の隊長に電話で活動内容の聞き取りをしていますよね。

そうでした。後から書類で送る活動記録の様式に記入する内容よりも、直後の聞き取りの方が正確な内容をつかめるのです。

その作業があって初めて、その災害の全体像が分かるようになるわけです。
A隊はどこに進入して、要救助者をどのようにして、どこから救出したか、B隊はどの水利に部署して、どの方向から火点に進入したか。
これが「空間的な全体像」です。
例えば、いつも私たちが見ている建物火災の消防活動図を見ると感覚的に理解できると思います。

ああ、これなら活動中に指揮隊員が現場を駆け回って、記録を取っちゃいますよね。
私も作ったことがあります。
では「時系列的な全体像」というのは？

消防活動には、時間に沿った流れがあるでしょう？
A隊は○時○分に出場して、○分後に放水を開始して、○分頃に要救助者を救助してとか、延焼防止は○時○分、鎮圧は○時○分、応援隊の要請は……といった、私たちが毎当番やっている作業を思い出してください。

つまり、**119通報の受信から始まって、災害活動が終息し、傷病者を医療機関に搬送した救急隊や災害救急情報センターから入手できる傷病者情報を含めた情報が「時系列的な全体像」**です。

そうか！
その両方をまとめると、その消防活動の実像が浮かび上がりますよね。

でも、**「災害の実像」は、事後に原因調査や追跡調査をしないと分かりません**よね。
さらに、NBC災害に限ると、原因となったのはどのような化学物質だったのか、どのような経緯で事故に至ったのかを研究したり、医療機関に搬送された要救助者の状況や予後、担当医師の見解など、救急隊情報を加えて初めて分かる実態もあります。
それも「時系列的な全体像」に含まれると思いますよ。

そうか！
指揮本部の指揮板に記入される情報は、「空間的な情報」と「時系列情報」の両方が記入されますよね。

そのとおりです。よく気が付きましたね。

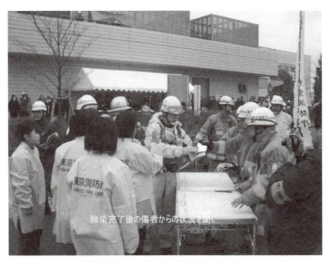

写真　現場指揮本部（医療機関との合同NBC訓練）

「災害の全体像」に関する情報は、現場の指揮板に記入される内容そのものです。

つまり、難しいことを議論しなくても、私たちは現実にそのような作業をやっているわけです。

その情報は、現場指揮本部、消防本部指令管制室、署隊本部、市町村、警察、医療機関、ガス・電気事業者など、災害対応に関わる全ての機関が、その一部や全部を共有しますよね。

それを、わざわざ「教科書に書かれないコト」としてここで議論する意味は何でしょうか？

NBC災害の場合は、災害の原因になった物質や、それを扱った被災者の行動などを、事後にいろいろなルートを通じて調べて資料化しないと、次の活動に生かすことが難しくなります。

例えば、松本サリン事件でドクターカーを駆使して活躍されたS大学医学部のO先生が講義でお話しされた内容や、地下鉄サリン事件で多くの傷病者対応をされたS国際病院のO先生の講義内容は、現在でもCテロ災害対応の要になっています。

NBC災害を担当する隊に所属した場合、一つの災害経験を資料化するにも、いろいろな専門家が発表するデータに接することも大切だということですね？

例えば、**中毒学会誌**※や救急医療関係の学会誌などには、救急車で搬送された傷病者を受け入れた医師が、事例として学会誌に発表されているケースが多くあります。
※一般社団法人日本中毒学会。『中毒研究』という機関誌を定期発行しており、この機関誌は学会員でなくとも有料で入手可能です。

ああ、そうだ！
『**中毒研究**』に、社員食堂のランチメニューのカジキマグロの照り焼きを食べた数十名の社員が、ヒスタミンによるアナフィラキシーショックを起こした集団救急事故事例が紹介されていました（第6話参照）。

災害の全体像を調べて、自分の災害経験を資料化することは、**指令管制への119通報でもたらされる非常に少ない情報の収集を出発点として、その災害に関わったいろいろな機関（特に医療機関）が得た情報に加え、相互にやり取りした情報の全てをひとまとめにする作業**です。

特に、医療機関収容後の情報は、救急隊から報告を受けて知ることもできますよね。

消防は、有害物質に曝露して被災した傷病者との関わりは、傷病者を医療機関に引き継いだ時点で切れてしまいますから、その後の医療によってどうなったかという情報は、担当医師と個人的な交流があるか、学会誌に発表された論文を読むかしないと入手できません。

3 特殊災害部隊の指揮者（その1・交代要員の準備と時間管理）

先生は、指揮者として活躍していらした時、現場ではどんなことを考えて指揮をされていたのですか？

建物火災現場なら、燃え方の推移を見ながら「そろそろ延焼防止を宣言しようかなー」とか、「鎮圧を入れようかなー」とか。
　大体、そんなことを考えていると、大隊長や指揮隊員が私の顔を見るので、アイコンタクトで彼らが宣言してくれますけどね。

真夏の暑いときの活動なんかはいかがですか？

建物の中から出てくる隊員の顔色を見て、「応援要請を掛けるかなー」ですか。

それはなぜですか？

隊員が熱中症になりかかっていますからね。
　Ｐ隊を要請して、交替で隊員を休息させたり、冷水を積んだ資材輸送隊なんかを要請して水分補給をさせたりしないとね。
　でも、大抵の場合は私が下命しなくても大隊長がやってくれたり、消防本部が気を利かせてくれますから……。

第11話　教科書（例えば、活動マニュアル）には書かれていないこと

　活動部隊全体のことではなく、個々の小隊や中隊単位で考えるべきことは？

　隊員の体力や活動技能には個人差がありますから、普段の訓練時の状況をよく観察しておく方がいいですね。
　特に、防護服を着装して活動するときは、顔色が見えませんから、歩き方に注意していれば、体力の限界にきている隊員や、熱中症にかかった隊員を識別できることがあります。

　私たちは、陽圧防護衣の中で、首からぶら下げたペットボトルで水分補給をすることが多いですよ。
　結構キツイのは、陽圧防護衣よりも、体にピッタリ密着する毒劇物防護衣ですね。熱気が全く逃げないので、真夏の活動だと30分間が限度です。

　特殊災害部隊に限らず、NBC災害現場で防護服を着装して活動する場合、1隊当たりの連続活動時間は「30分間」として交代させるようにすべきです。

　それはなぜですか？

　さっき君が言ったように、熱中症の防止の意味もありますが、有害物質や放射線の影響を考えなくてはなりませんし、空気ボンベの使用時間は余裕を考えておおむね30分間だからです。

　だから先生は、NBC災害には交代要員を考えた応援要請を重要視していらっしゃるのですか？

だって、N災害現場なら、被ばく線量限度に達してしまった隊員を、再び現場に送り込むことはできませんからね。別の隊を準備して被ばく管理をする必要があります。

　活動時間が長ーーくなるような災害では、どんなことを考えますか？

　倉庫火災のように長引く火災だと、「ああ、早く帰って、風呂に入って、ユックリ酒を飲みたいなーー」とか、「明日のランチは、T先生を誘ってオムライスのドミグラスソース掛けを食べたいな～」とかですね。

　そんなことでいいんですか？

　倉庫火災だと、鎮圧まで3日も4日も掛かることがありますからね。人間は、長時間緊張したままではいられません。
　無闇に隊員を内部進入させることができない現場では、指揮者はジックリ構えて現場管理をすべきなのです。

　それで「オムライスのドミグラスソース掛け」？

　「オムライスの牛スジカレー掛け」もGOODですよ！

④ 特殊災害部隊の指揮者（その2・出場途上の情報収集）

　以前、H空港の航空機整備工場で、「シアン化ナトリウムの混じった廃液が流出した」という通報で出場したとき、携帯電話でK先生と何やらお話をされていましたね？

　ああ、あれは産業廃棄物業者が、廃液をタンクローリーでくみ上げる作業中に、約100Lの廃液をオーバーフローさせてしまった現場でしたね。

　K先生と何をお話ししていらしたのですか？
　もしかしてデートのお誘いとかですか……？

　出場中は、そんな余裕はありませんよ。
　「漏れた廃液中のシアン化ナトリウムの量や濃度は、どの程度かなー」
　「こぼれた廃液の処理をどうするかなー」
　「被災者が、廃液に汚染されていたら、除染テントが必要かなー」
　なんていう思考が交錯する、ブレーンストーミングですよ。

　ヘエー！
　先生も真面目だったんだ！

　シアン化ナトリウムを含んだ廃液が路上に溜まっていたら、どう始末するかをK先生に伺っていたのです。

　なんか「放水して海に流しちゃってもいいか？」なんて叫んでいましたよね。
　K先生は、何とおっしゃったのですか？

　「薬品で錯イオンにすれば無害になるから、流してもいいわよー」だって！

　それで？

　「現場で錯イオンなんか作れるわきゃネーだろ、実験室じゃあるまいし」って叫んだのです。

結局、どうなったんですか？

「じゃあ、勝手にしなさい！　魚が浮いたって知らないわよ！」だって。
私が「ソイツが聞きたかったんだ！　魚が浮いたらアンタと一蓮托生ダゾ」って。
で、オシマイ。

現場に着いたら、洗浄水の中にごく微量のシアン化ナトリウムが混じっていただけで、中毒危険も環境汚染も全くないことが分かりました。

確か、吸着マットで漏洩した廃液を処理したのですよね。

吸着マットに吸い取った後で、もし、除染水が発生してしまったときは、現場の路上に放水して海に流してしまおうと考えたので、K先生に電話をしたのです。

魚が浮かなくてよかったですね！

実は、整備工場近くにある下水ポンプ場にも、別の特殊災害部隊を出場させていたのですが、所轄の指揮隊が、整備工場の雨水側溝の排水は敷地外には通じていないことを聞き出してくれたので、すぐに所轄の大隊長に引揚下命を助言しました。

仮に、シアン化ナトリウムの量が非常に多かった場合は、どのような対応になるのでしょうか？

下水の方は敷地内から外には出ませんが、路上から直接海へ流下しないような処置を考える必要があります。
大量の吸着マットを応援要請するか、K先生がおっしゃったように化学薬品を要請

しての錯イオン化も選択肢に入るでしょう。
　まずは人命危険の排除、次に環境汚染の防止の順で優先順位を決めて活動方針を組み立てればよろしい。

　「人命救助」の次に「危険排除に移行」の原則と同じですね。

5　特殊災害部隊の指揮者（その3・勇気を出して進言しよう）

　臨海部の工業団地にある下水道局施設の地下に設置された水処理用の濃塩酸タンク（濃塩酸➡35％）から濃塩酸が漏洩しているという通報があり、所轄の署と複数の特殊災害部隊が出場する災害がありました。

　あの災害が起こった時、確か先生は消防本部の特殊災害にいらしたのではありませんか？

　そうです。
　指令室の主査が私に電話を掛けてきて、ちょっと指令台のところまで来てほしいと言うのです。
　主査の話によれば、その現場は出場指令をしてから既に長い時間が経過しているらしいのですが、現場は活動が滞って膠着状態になっているというのです。

　私はその災害が起きた日は非番日だったのですが、後から上司に話を伺いましたので覚えています。

　そうでしたか。
　私は少し現場指揮本部と消防本部との無線交信を聞いていたのですが、横にいらした警防部長が、私に「現場に行って何とかしてよ！」と命じられました。

　あの時、消防本部の指揮隊で出場されたのは、先生だったのですか？

　そうなんです。現場に到着した時の状況は以下のとおりでした。

① 指揮本部に行ってみると、地下の塩酸タンクから35％の濃塩酸が漏洩していて、内部進入ができないという情報提供がありました。
② ところが、消防署の特殊災害部隊も複数隊到着しているし、特殊災害機動部隊も総括部隊長以下16名のフルメンバーで到着しているのです。
③ その時の指揮体制は、所轄の署隊長（署長）、副署隊長（警防課長）、方面本部の方面副隊長（指揮権を持つ幕僚）がいて、第2指揮体制で署隊長が指揮を執っていました。
④ 状況を聞いてみると、方面副隊長（私の親しい友人でした）が、地下の漏洩現場には濃塩酸があるので、自分の進言で「内部進入を一切禁止している」とのことでした。

特殊災害部隊が複数隊現場に到着しているのに、なぜ内部進入させないのですか？

私たちが考えれば、現場には液体の濃塩酸と気体状の塩化水素ガスがあるので、陽圧防護衣を着装すれば内部進入が可能であることなど当たり前のことなのですが、当時はC災害対応の活動要領を十分に把握している指揮者が少なかったのです。
　特殊災害部隊の総括部隊長も、部隊長も、消防署の特殊災害部隊長も、「塩酸なら陽圧防護衣で対応可能である」ことを、誰一人意見具申していなかったのです。

それで、先生はどうしましたか？

私は、当時は指揮権を持たない警防幕僚でしたので、まず署隊長に「この現場を私にお任せいただけますか？」と進言しましたら、快く私に署隊長代理を任せてくださいました。

そうすると、その時から先生が指揮本部長になったのですね？

いいえ、違います。
私はあくまで幕僚ですから、指揮本部長である署隊長の指揮支援をするだけの立場です。だから消防本部に対して、指揮体制の変更報告はしませんでした。

ああ、そういう仕組みなんですか。
それで、先生はこの現場をどのようにさばいたのでしょうか？

以下の下命事項は、署隊長を通じてのことですので、誤解のないように。

① 出場隊の全隊長（総括部隊長、指揮隊長、中隊長、小隊長を含む。）を指揮本部に集合させる。
② 地下の濃塩酸漏洩現場に、陽圧防護衣着装により進入して活動する趣旨を説明する。
③ 特殊災害機動部隊と、消防署の特殊災害部隊1隊に内部進入班を編成させる。
④ 水利部署しているポンプ隊に、地下室入口まで65mmホースを延長させ、そこから二股分岐で特殊災害部隊が使う50mmホースを2線準備させる。
⑤ もう1隊の消防署の特殊災害部隊に、地下部分へ50mmのホース線を2線延長させる（地下室の除染用）。
⑥ さらに別のP隊に水利部署させ、50mmホースを1線延長させる（脱出後の内部活動班の除染用）。
⑦ 水道局員に、地下室に排水能力が毎分2トンの排水ポンプがあることを確認する（消防放水の排出用）。

最初に隊長全員を指揮本部に集合させたのは、何のためですか？

活動が滞ったときや膠着した状態になったとき、指揮・活動体制を立て直すには、一旦隊長職を集合させて雰囲気をリセットして、「新たな活動体制に変更する」という意思表示を一気に周知徹底するために有効だからです。
その間に私は、「これからどう立て直そうかなーー」と考える時間を稼ぐのです。

エエーーーッ！！
それじゃあ、その時点では先生の頭の中には、何も方針が決まっていなかったのですか？

ハイーー！ 頭の中はカーラッポです。
私の36年間の消防生活は、この「ハッタリ」で切り抜けてきたのです。

消防人生って、そういうモンなんだーー！
それで、先生の友人の方面副隊長さんはどうしました？

方面副隊長：「ンじゃ、そういうことで、頼むな！」
　　　　私：「ああ、任せなー」
方面副隊長：「あとで、酒でも送るぜ！　何がいい？」
　　　　私：「久保田の萬寿か菊姫大吟醸な」
ってな感じで！

先生、何か、芝居感覚で仕事やってません？

シェイクスピアは、戯曲の中で**「世間は舞台だ、誰もが一役演じなくてはならない」**※といっているそうですよ。
※ウィリアム・シェイクスピア。戯曲「ヴェニスの商人」の中のセリフ。　三上延　『ビブリア古書堂の事件手帖』　第7巻　KADOKAWA　メディアワークス文庫より。

仕事は演劇なのですか？

そういう一面があるでしょ！
　私たち消防は、「階級章」を付けている間は誰でも、その階級や役職に応じた役目を演じなければなりません。階級章を外してしまえば「ただの人」であっても。
　例えば、「隊長」になったら、自信があろうがなかろうが、隊長職としての責務を果たすのがプロの仕事人です。仕事をしている間は「隊長」という役をキッチリ演じることです。

先生のおっしゃること、分かります。
　例えば私が署長になったら、人間としての「私」が偉いのではなく、演じなければならない役目上の「署長」が偉いのだという考え方ですよね？

そのとおりです。
　それをなぜか「自分という人間」まで偉くなったと勘違いする「お偉いさん」が多いですけどね。

消防の世界に限らず、「総理大臣」も「社長」も、その役職が偉いということですね？

だから自分に与えられた役職は「プラカード」ですから、その「プラカード」に書かれた職務を全力で全うすることが仕事をするということです。
　ネッ！　だから、人生は「劇の舞台」でしょう？

　人生は「劇の舞台」で、階級や役職は「プラカード」で、私たちは「プラカードを持った役者」ですか！
　シェイクスピアの時代からそうだったんだー！

　たとえ話はさておき、つまり、こうして濃塩酸漏洩の現場は一件落着したのです。
　特殊災害部隊のある部隊長が、「誰か、背中を押してくれる人が欲しかった」といっていました。
　しかし、それは特殊災害部隊の指揮者のプラカードに書かれた責務です。

　私レベルで考えても、濃塩酸なら気化している塩化水素ガスを含めても陽圧防護衣で対応できることは初歩の知識ですし、そのような訓練を日夜繰り返しています。

　特殊災害部隊の指揮者は、指揮本部の上層部が判断を誤ったり、迷っていると思ったら、勇気を出して正しい方法を進言する義務があります。
- 指揮者は評論家ではなく、決断して実行する人間です。
- 現場指揮は、正しい決着を付けることよりも、多くの人が妥当と納得する落としどころを設定して、災害の結末をそこに導くことの方が重要です。

　そのような力を身に付けるためには、どうしたらいいのですか？

　私は、次のようなことを実践してきました（誰もが普段からやっていることです。）。
- 普段から、「ここでこういう災害が起こったらどう対応しようか？」といった想定を自問自答する習慣を身に付けること。

- この話の始めにお話しした「自分だけの災害資料を作ること」で、将来起こることに対応できる判断の選択肢が頭の中に増えてきます。
- 自分の考えに疑問を持ったときは、いろいろな人と議論したり、その道の専門家に意見を伺ったりして、疑問を解消すること。

 初めて指揮者になったときに感じる不安や恐怖から逃れるために、普段から自分でそれを解消する努力をするということですか？

 なるほど！　そうともいえますね。

 ところで、地下に溜まった濃塩酸を含んだ排水は、どのように処理したのですか？

 水道局の職員は「産業廃棄物として処理する」と言っていましたが、処理の前に消防本部指揮隊は引き揚げたので、詳しいことは分かりません。

 アレレ！
活動中途で、引き揚げちゃったんですか？

 だって、私のプラカードに書かれた内容は、「署隊長に対する指揮支援」です。
　膠着した消防活動を動かして危険排除まで処理したのですから、あとは正規の指揮者が処理すべきことです。

 結構、おいしいとこ取りで、逃げ足が速いですね、先生って。

「疾きこと風の如し」ですからね。

「動かざること山の如し」ってのもありましたっけ！

６ 指揮者は評論家ではない

私の父が亡くなった時、遺品を整理していたら、祖父の遺品も大量に出てきました。祖父は、明治から昭和の初期にかけて旧大日本帝国陸軍で勤務していたのですが、遺品の中に日露戦争の陣中日誌が含まれていました。

日露戦争なんて、私たちにははるか昔の歴史ですね。
「陣中日誌」って何ですか？

出陣している軍隊が、その日の出来事を記録する日誌のようなものです。消防でも、その日の当直が当番中の出来事を記録しているでしょう？ あれと同じです。

私も当直士長のときは書いていますよ。

その中に将校たちが立派なホールで酒宴をしている写真がありました。不思議なことに、酒を酌み交わしている将校たちは日本軍とロシア軍の将校たちなのです。

だって、戦争をしている最中だったのでしょう？

そうらしいのですが、生前の父の話によると、当時の戦争は、昼間こそ熾烈な戦いをしていても、夕方以降は武器を納めて酒を酌み交わし、互いの友好を深めていたのだそうです。

つまり、それが昔の武士道精神だったのですね？

その武士道精神は、日本人だけではなく、ロシア人にも共通だったことが心を和ませますね。

当時のロシアは、ソビエト連邦ではなく帝政ロシア時代でしたし、今のロシアとも違います。祖父が残した書簡にも、当時のロシアの将校から送られた手紙や写真があります。日露戦争後も、敵軍将校と互いに尊敬し合い、交友があったという証拠です。もっとも宴席の中でも情報戦は行われていたかもしれませんが。

面白いのが、さっきの陣中日誌は祖父が大尉（中隊長）だった頃に書いたもので、その報告先の上司の名前が「秋山少将閣下（秋山好古）」だったことです。

「秋山好古」って、あの『坂の上の雲』（司馬遼太郎著）の主人公の？

そうですね。
日本の繁栄の礎を築いた方々がいろいろと登場する名作ですね。
当時の指揮官は、自分の行動一つひとつに日本の将来が掛かっていましたから、大変な重圧と戦っていたことでしょう。

なんか、想像が付かないなあー。
「自分の下命の一言が間違っていたら…」なんて考えると、私なら足が震えちゃうだろうと思います。

第11話　教科書（例えば、活動マニュアル）には書かれていないこと

災害現場の活動方針を決めるとき、「何が正しいか」なんて分からないことです。
　答えは一つではありませんし、その現場の置かれた状況に合わせて、先ほどもお話ししたように、後々に問題を残さないと判断した「落としどころ」に導いていくしかありません。そのような作業は評論家のような気持ちで臨んだらできません。

　評論家には評論家の機能や目的がありますが、私たち First Responders（ファーストレスポンダー）は、災害情報を受けたら即時対応する実戦対応者ですから、他人が出した結果に対して、いろいろとコメントする必要はありません。

第12話 NBC災害活動の組み立て方

第12話で学習すること
- ☑ 1秒でも早い救助活動着手が命を救う
- ☑ 最先着するポンプ隊・救急隊ができること
- ☑ 被ばく防護の3原則（距離・時間・遮蔽物）の実際

1 講義内容を具体的に活動方針にするには

　　ここまでにたくさんのことをお話ししてきましたが、NBC災害現場で生かす自信が付きましたか？

　　先生のお話は、とても具体的なことが多かったですね！

　　お話ししたことは全部実際に起きたことをベースにしているので、そのように感じるのでしょう。

　　私は、ある研究所が主催するセミナーで、全国から集まる受講生の方々と一緒に専門家のご講義やロールプレイング形式の机上演習に参加しました。

　　それは良いですね。面白かったでしょう？

　　色々な方々とお話ができて、とても刺激的で面白かったですよ！

　　机上演習では、迷うことなく活動の組み立てができましたか？

　　それが、結構難しいのですよ。

ホー？ それはどんな点ですか？

 ご講義で習ったこと、例えば『放射線被ばく防護の3原則』を実際に現場でどのような活動方針に生かしていくのか、まだうまくつながらないのです。
全国から集まる他の受講生の方々も、やっぱり同じらしいのです。

> 放射線被ばく防護の3原則⇒「距離」・「時間」・「遮蔽」

❷ 遮蔽とは？

 なるほど！ つまり、講義の内容が具体的な活動に結び付かないのですね？

 はい！ 理屈は分かるのです。
放射線源のある場所に接近するときは、放射線の強さは、放射線源からの距離の二乗に比例して強くなり、反対に遠ざかるときは距離の二乗に反比例して弱くなる、ということをどのように生かすのでしょうか？

 君は、2011年の福島第一原子力発電所の現場で活動した私たちの仲間の話を聴きましたでしょう？

 はい！ N.S先輩のお話だったと思います。

 そのお話の中に、「活動中に線量率計が100mSv／時以下だったのに、同じ位置で後ろを振り向いたらいきなり180mSv／時に跳ね上がった」という体験談がありました。

 あれは、爆発で飛び散った瓦礫が周囲に飛散していて、色々な方向から放射線が飛んできているというお話でしたね。

 そうです。その時にN.Sさんの部隊は、「**できるだけ乗ってきた大型車両の陰に隠れながら前進した**」とおっしゃっていましたよね。それが「遮蔽」の原則を生かして**できるだけ被ばく線量を小さくするために取ったN.Sさんたちの具体的な活動判断**です。

でも、放射線は四方八方から飛んできていたのですよね？

災害現場は「絵に描いた餅」のように教科書どおりの実態があるとは限らないので、その中で判断することは**被ばく線量を「０」にすることではなく、「１mSvでも減らす工夫をする」**ことだったと思います。

「距離の原則」はどのように生かすのですか？

一緒に考えてみましょう。
Ｃ災害でもＲ災害でも共通する活動方針があります。

エエーッ！！　どういうことですか？

まず、119番を受けて最初に現場到着するのは、どのような部隊ですか？

指令番地直近のポンプ隊と救急隊です。

指令番地付近まで出場してきたときに、目の前に複数の被災者が倒れており、有害な化学物質や放射線源の情報があった場合、まず「すること」は何ですか？

防護服も測定器もないので、NBC専門部隊の応援要請をします。

倒れている被災者は放置するのですか？
　例えば、現場に異臭があって有害な化学物質の存在を感じたら、強力な放射線源が視認できていたら、被災者を放置すれば時間の経過とともに悪化してしまいますよね。悪化の進行を弱めて、被災者の救命の道を開くにはどうすればよいですか？

しかし、防護服が……。

防火衣と空気呼吸器があるではありませんか！
　陽圧防護衣のように完全に有害物質を遮断できなくとも、防火衣の下に不織布製の簡易防護衣を重ね着する工夫はできるでしょう？
　非密封の放射線源があっても、防火衣と空気呼吸器で汚染防護はできるでしょう？
　災害現場には隊員の「絶対安全」を目指すと同時に、被災者の救命方法を考えることが大事です。

ウーン！

3　そして時間・距離

そこで「時間の原則」ですよ。
被災者の悪化へのリスクを減らすためにできることは何ですか？

濃厚な有害物質や放射線源のある場所から、被災者を遠ざけることです。

そこに「距離＆時間」が出てくるでしょう？

アアッ！！　分かったあ！！
ショートピックアップですね？
線源に近い場所から数ｍ離せば、その距離の二乗に反比例して被ばく線量が減る！！
しかも、移動は１秒でも早い方がよい！

それがサリンのような化学物質でも同じことがいえますよね？

思い出しましたよ！　サリン事件の被災者の治療に当たられたＯ先生が、「搬送されたときは心肺停止だった人が退院するときは自力で歩いて帰ったよ」とおっしゃっていたことを！！
「そのような人を少しでも増やす工夫をせよ！」ということですね？
１秒でも早く、１ｍでも遠くに被災者を安全な場所に移動せよということですね？
それを、専門部隊ではないポンプ隊や救急隊ができると！

ようやく、たどり着きましたね？
　さらにいえば、脱衣による乾的除染をするときに、一般部隊でも持っている毛布や大判のバスタオルが利用できますよね。まさか若い女性を裸のまま人目にさらすわけにもいかないでしょう！

個人線量計が計画被ばく線量に達した警報を発した場合、その隊員はどうすればよいのですか？

その場合は、**空間線量率が平常な場所に脱出させる必要があります。当然、同じ時刻に活動を開始した部隊員は、ほぼ同時に被ばく線量限度に達しますから、部隊ごと離脱することになります。**

そうすると、現場で活動できる隊員が不足してしまいますよね？

そのとおりです。だから**N・R災害現場に投入する部隊は、安全場所に多くの交代要員を待機させて行う必要がある**のです。

N・R災害現場の部隊運用は、多くの部隊をあらかじめ想定して準備しなければならないのですね。確かに考えれば当たり前のことですね。

それでは、ここで議論したことを、まとめてみましょう。

> 重要
> ① NBC災害現場には人体に有害な化学物質、放射性物質などの「脅威」があるのですから、被災者がそこにいる時間が長くなるほど救命の機会が失われていきます。
> ② 防火衣、空気呼吸器、水の乗ったホース、スクープストレッチャー、毛布、タオルがあれば、倒れている被災者を有害物のある場所から数メートルでも移動させたり、脱衣させて毛布やバスタオルで保護してやることができます。
> ③ 被災者を1秒でも早く「脅威」がある場所から、安全な場所に移動（救助）します。
> ④ 各級指揮者は、「脅威」の危険性を具体的な安全管理方法につなげて理解しましょう。
> ⑤ 現場にある呼吸器や皮膚から有害な化学物質や、放射線源から照射される放射線

にさらされる状態で時間が経過すればするほど重症化し、被ばく線量も増えていくので、被災者の救命の機会が刻々と減ってしまいます。特に放射線の被ばく線量は被災者を1mでも線源から遠ざけることで距離の二乗に反比例して弱くなるので、「1秒でも早く」「1mでも遠くに」遠ざけることで被ばく線量は劇的に減少します。

⑥　N・R災害現場に投入する部隊は、隊員個々の確実な被ばく管理を行う体制を敷き、あらかじめ安全地域（空間線量率が平常値の）に多くの交代要員を待機させる部隊運用が必要です。

参考文献

第1話　洋菓子店の地下倉庫内で起きた二酸化炭素中毒事故
- 内藤裕史　『中毒百科―事例・病態・治療―』　改訂第2版　南江堂　2001
- 内藤裕史　東京消防庁第三消防方面本部消防救助機動部隊発足に伴う特別研修講義録
- Anthony T. Tu Ph. D.　『中毒学概論―毒の科学』　薬業時報社　1999
- 「二酸化炭素消火設備の安全対策について」（通知）　総務省消防庁　平成8年9月20日　消防予第193号・消防危第117号
- 平川昭彦ほか　「ドライアイスによる急性二酸化炭素中毒の1例」　日本職業・災害医学会会誌　Vol.55　No.5　229頁〜231頁　2007

第2話　硫化水素ガス中毒事故の救助活動
- ACGIH（American Conference of Governmental Industrial Hygieuists➡米国産業衛生専門家会議）　『TLVs® and BEIs®』　2015年版
- 日本産業衛生学会ホームページ　許容濃度の勧告　2016年版

第3話　めっき工場火災事例（腐食性物質による化学熱傷）
- George D. Clayton・Florence E. Clayton（編）　内藤裕史・横手規子（翻訳）　『化学物質毒性ハンドブック』　丸善　1999
- 城南電化協同組合ホームページ　めっき薬品・材料
- NCRP（National Council on Radiation Protection and Measurements➡米国放射線防護計測委員会）　「Management of Terrorist Events Involving Radioactive Material」　NCRP Report No.138　2001
- 消防・救助技術の高度化等検討会　「化学災害又は生物災害時における消防機関が行う活動マニュアル」及び「原子力施設等における消防活動対策マニュアル」　総務省消防庁　2014
- 全国消防長会（編）　『実戦NBC災害消防活動―災害事例に見る活動の実際』　5訂版　一般財団法人全国消防協会・東京法令出版　2024

第4話　公衆浴場（天然温泉）で発生した有毒ガス中毒事故（塩素ガス）
- 経済産業省ホームページ　家庭用品品質表示法・雑貨工業品品質表示規定
- 公益財団法人日本中毒情報センター　医師向け中毒情報
- 全国消防長会（編）　『実戦NBC災害消防活動―災害事例に見る活動の実際』　5訂版　一般財団法人全国消防協会・東京法令出版　2024

第5話　一酸化炭素中毒事故
- 公益財団法人日本中毒情報センター　医師向け中毒情報

第6話　カジキマグロによるアナフィラキシーショックの集団発生
- 大谷典夫・石松伸一　「アナフィラキシーショック集団発生」　中毒研究　一般社団法

人日本中毒学会　Vol.19　No.3　2006
○『医学大辞典』　第19版　南山堂
○内閣府・食品安全委員会　「ヒスタミン・ファクトシート」
○東京都感染症情報センター　「ヒスタミン中毒と微生物」　2005
○一般社団法人大日本水産会　「ヒスタミン食中毒防止マニュアル」
○Anthony T.Tu Ph.D.　『中毒学概論－毒の科学』　薬業時報社　1999

第7話　ゾーンニングのはなし（ハロゲン化物噴出事故）

○全国消防長会（編）　『実戦NBC災害消防活動―災害事例に見る活動の実際』　5訂版　一般財団法人全国消防協会・東京法令出版　2024
○消防機関におけるNBC災害時の対応能力の高度化に関する検討会　「化学災害又は生物災害時における消防機関が行う活動マニュアル」　総務省消防庁　2024

第8話　放射線防護のはなし

○公益社団法人日本アイソトープ協会　「Isotope News」
○NCRP　「Management of Terrorist Events Involving Radioactive Material」　NCRP Report No.138　2001
○IAEA（国際原子力機関）　「Categorization of radioactive Sources」　Safety Guide No. RS－G－1.9
○IAEA　「Safety of radiation Generators and sealed Radioactive Sources」　IAEA Safety Standards No. RS－G－1.10
○公益社団法人日本アイソトープ協会　『アイソトープ手帳』　第11版
○鳥居寛之ほか　『放射線を科学的に理解する―基礎からわかる東大教養の講義』　丸善出版　2013
○放射線事故医療研究会（編）　「放射線災害と医療　福島原発事故では何ができて何ができなかったのか」　MOOK医療科学No.5　医療科学社　2012
○放射線事故医療研究会（編）　「放射線災害と医療Ⅱ　福島原発事故対応から見えてきたキーワード」　MOOK医療科学No.6　医療科学社　2013
○Richard B.Firestone・Virginia S.shirley　「The 8th edition of the Table of Isotopes」　Ernest O.Lawrence Berkeley National Laboratory　Published by John Wiley & Sons,Inc　1996
○Glenn F.Knoll（著）　神野郁夫・木村逸郎・阪井英次（共訳）　『放射線計測ハンドブック第4版（Radiation Detection and Measurement 4th Edition）』　オーム社　2013
○鈴木元　『正しい被曝医療Q＆A50』　診断と治療社　2012
○佐渡敏彦　『放射線は本当に微量でも危険なのか？―直線しきい値なし（LNT）仮説について考える』　医療科学社　2012
○青木芳朗・前川和彦（監）　『緊急被ばく医療テキスト』　医療科学社　2004
○公益社団法人日本放射線技術学会（監）　『放射線技術学シリーズ　放射線物理学』　オー

ム社　2006
- 公益社団法人日本放射線技術学会（監）　『放射線技術学シリーズ　放射線生物学』　オーム社　2011
- 「Newton 別冊　きちんと知りたい原発のしくみと放射能」　株式会社ニュートンプレス　2011
- 「Newton 別冊　ありとあらゆる「物質」の基礎がわかる　完全図解周期表」　第2版　株式会社ニュートンプレス　2010
- 放射線医学総合研究所　国民保護 CR テロ初動セミナーテキスト
- IAEA　「Manual for First Responders to a Radiological Emergency」　EPR-First Responders　2006
- 国立研究開発法人日本原子力研究開発機構ホームページ
- 渡辺文隆　「EMPIRE 訓練の概要報告（速報）」　日本原子力研究開発機構・原子力緊急時支援・研修センター　2009
- 金盛正至ほか　「臨界事故終息作業時の線量管理方法の考察」　国立研究開発法人日本原子力研究開発機構　JAEA−Technology 2009-043
- 岡崎龍史　『図説放射線学入門　基礎から学ぶ緊急被曝ガイド』　医療科学社　2012
- 高田純　『核災害に対する放射線防護─実践放射線防護学入門』　医療科学社　2005
- 高田純　『福島─嘘と真実─東日本放射線衛生調査からの報告』　医療科学社　2011
- ユーリ・I・バンダジェフスキー（著）　久保田護（訳）　『放射性セシウムが人体に与える医学的生物学的影響─チェルノブイリ原発事故被曝の病理データ』　合同出版株式会社　2011
- 三好和人　「福島第一原子力発電所・視察記録」　2015
- 消防・救助技術の高度化等検討会　「原子力施設等における消防活動対策マニュアル」　総務省消防庁　2014
- 放射医学総合研究所　国民保護 CR テロ初動セミナーテキスト
- 国立研究開発法人日本原子力研究開発機構ホームページ
- 公益社団法人日本アイソトープ協会ホームページ
- ICRP（国際放射線防護委員会）ホームページ
- IAEA（国際原子力機関）ホームページ

第9話　放射性物質のはなし

- 日本放射線事故・災害医学会　「学術集会講概集」
- 東京電力ホールディングスホームページ　福島第一原子力発電所
- Bill Bryson　『A short history of nearly everything』
- 一般財団法人高度情報科学技術研究機構　「原子力百科事典 ATOMICA」
- Glenn F.Knoll（著）　神野郁夫・木村逸郎・阪井英次（共訳）　『放射線計測ハンドブック第4版（Radiation Detection and Measurement 4th Edition）』　オーム社　2013

○鳥居寛之ほか　『放射線を科学的に理解する－基礎からわかる東大教養の講義』　丸善出版　2013
○公益社団法人日本アイソトープ協会　『アイソトープ手帳』　第11版
○Richard B.Firestone・Virginia S.shirley　「The 8th edition of the Table of Isotopes」Ernest O.Lawrence Berkeley National Laboratory　Published by John Wiley & Sons,Inc　1996
○「Newton別冊　ありとあらゆる「物質」の基礎がわかる　完全図解周期表」　第2版　株式会社ニュートンプレス　2010
○「Newton別冊　きちんと知りたい原発のしくみと放射能」　株式会社ニュートンプレス　2011
○放射線事故医療研究会（編）　「放射線災害と医療　福島原発事故では何ができて何ができなかったのか」　MOOK医療科学№5　医療科学社　2012
○放射線事故医療研究会（編）　「放射線災害と医療Ⅱ　福島原発事故対応から見えてきたキーワード」　MOOK医療科学№6　医療科学社　2013
○鈴木元　『正しい被曝医療Q＆A50』　診断と治療社　2012
○公益社団法人日本放射線技術学会（監）　『放射線技術学シリーズ　放射線物理学』　オーム社　2006
○公益社団法人日本放射線技術学会（監）　『放射線技術学シリーズ　放射線安全管理学』　オーム社　2011

第10話　NBC訓練のやり方
○全国消防長会（編）　『実戦NBC災害消防活動―災害事例に見る活動の実際』　5訂版　一般財団法人全国消防協会・東京法令出版　2024

第11話　教科書（例えば、活動マニュアル）には書かれていないこと
○一般社団法人日本中毒学会　中毒研究（バックナンバー）

〔著者略歴〕

三好　陸奥守
（みよし　むつのかみ）

昭和27年（1952年）生まれ。神奈川県鎌倉市在住。元消防職員。災害現場の現場指揮本部長の経験が長く、主にCBRNe災害の現場指揮者を担当。平成7年から気象予報士。平成27年介護職員初任者研修資格取得。趣味はスキー、ヨット、ロックバンド活動、料理。

〔イラストレーター〕

龍薗　公乃

実は身近なNBC災害

平成29年 8 月 5 日　初　版　発　行
令和 6 年11月10日　 2 訂版発行（令和 6 年 9 月 1 日現在）

著　　　者／三好　陸奥守
発　行　者／星沢　卓也
発　行　所／東京法令出版株式会社

112-0002	東京都文京区小石川 5 丁目17番 3 号	03(5803)3304
534-0024	大阪市都島区東野田町 1 丁目17番12号	06(6355)5226
062-0902	札幌市豊平区豊平 2 条 5 丁目 1 番27号	011(822)8811
980-0012	仙台市青葉区錦町 1 丁目 1 番10号	022(216)5871
460-0003	名古屋市中区錦 1 丁目 6 番34号	052(218)5552
730-0005	広島市中区西白島町11番 9 号	082(212)0888
810-0011	福岡市中央区高砂 2 丁目13番22号	092(533)1588
380-8688	長野市南千歳町 1005番地	

〔営業〕TEL 026(224)5411　FAX 026(224)5419
〔編集〕TEL 026(224)5412　FAX 026(224)5439
https://www.tokyo-horei.co.jp/

©MIYOSHI Mutsunokami Printed in Japan, 2017

本書の全部又は一部の複写、複製及び磁気又は光記録媒体への入力等は、著作権法での例外を除き禁じられています。これらの許諾については、当社までご照会ください。
落丁本・乱丁本はお取替えいたします。
ISBN978-4-8090-2564-8